本书系国家社科基金思政专项"高校思想政治理论课教师的话语能力建构与实践研究"（20VSZ064）阶段性成果

徐川 等◎著

高校辅导员的七项修炼

人民出版社

目　录

引　言：因为热爱，所以不曾离开　/ 001

第一项　谈话修炼　/ 007

　　一、非谈不可，不谈不行　/ 009

　　二、时机是个好问题　/ 010

　　三、谈就要谈出实效　/ 018

第二项　管理修炼　/ 049

　　一、管理，为何还要管？　/ 051

　　二、管理，究竟管什么？　/ 054

　　三、管理，应该怎么管？　/ 063

第三项 表达修炼 / 091

一、先学基本功：主题演讲 / 094

二、再练入门功：即兴发言 / 099

三、苦练过硬功：理论宣讲 / 105

第四项 科研修炼 / 135

引 子 / 137

一、科研，为啥要做？ / 139

二、科研，为啥难做？ / 141

三、科研，如何能做？ / 144

四、论文投稿的"六部曲" / 168

第五项 理论修炼 / 179

一、学理论，为何学 / 181

二、学理论，学什么 / 194

三、学理论，怎么学 / 210

第六项 网络修炼 / 221

一、网络思政教育，不做不行 / 224

二、网络思政教育，步步为营 / 234

三、网络文章写作，起承转合　／245

第七项　规划修炼　／255

一、生涯规划的首要任务　／258

二、生涯规划的"四无"问题　／262

三、生涯规划的工作宝典　／271

四、生涯规划的进阶之路　／285

后　记　／295

附　录　团队成员简介　／307

因为热爱，所以不曾离开

一

高校辅导员是大学里距离学生最近的一支教师队伍，这里的距离是物理空间的相近，也应该包括精神世界的相通。对所有辅导员来说，用三四年甚至更长的时间陪伴一批青年人成长，是一种幸运，也是一种修炼；倘若能得到学生的积极反馈，与他们进行经年累月的互动交流，是一种褒奖，也是一种幸福。

但这种美好只是一种可能，这种可能性存在的前提在于辅导员要热爱自己的学生、自己的工作、自己的事业，也只有在热爱和坚守的条件下才能在教学相长的过程中交出无怨无悔的优质答卷。

从刚刚走上工作岗位的新手到合格甚至优秀的辅导员，中间要经历些什么？修炼些什么？

这是我们需要共同思考的命题。

二

虽然总是不愿意承认青春的老去，作为 1980 年后出生的一代人，我们还是在岁月的流逝中犹豫且坚定地步入两鬓微霜的不惑之年。一路走来，我们从长辈口中"垮掉的一代"迎着质疑野蛮生长，见证改革开放，亲历天翻地覆的经济腾飞与社会变化，在各自平凡的岗位上扛起建设祖国、创造美好生活的重担。

而我们，正是这个大时代中一个偶然相遇的团队和群体，是守着自己最初的梦想行走在高校学工战线上的一群人，是用十余年青春记录下自己与学生成长故事的一群人，是选择并热爱着思政教育事业的一群人。我们也决定选择用这样一种方式，记录与分享我们的职业思考，也纪念我们永不凋零的青春与事业。

三

回望来时路，我们始终胸怀热爱与赤诚，远离倦怠与功利。"十年树木，百年树人"，没有点儿发光发热和照亮世间角落的觉悟，是做不好关乎灵魂的工作的。高校辅导员的工作始终在考量着我们是不是将工作重点聚焦在学生成长的每个环节，是不是坚持带着爱与温度换位思考保持尊重，是不是真的愿意不计得失出现在学生最需要我们的地方。很多时候，这些问题外界并不能给我们答案，甚至也未必能实时地给出公允的评判。那么，内心会不会失衡、工作想不想懈怠、方向能不能坚守，就要看我们是不是还记得职业选择的初衷，看我们是不是真正地把帮助与见证青春成长作为我们的追求与目标。幸运的是，我们中的每一个人都走过了迷茫与困惑，跳出了彷徨与怀疑。今天，我们用这样的方式记录各自一路走来的思考与感悟，真诚地希望这些文字也能给初入职场或面临职业倦怠的朋友一些借鉴与鼓励。

四

回望来时路，我们始终坚持日胜一日，不迷失于日复一日。辅导员的工作职责看似清晰，实则边界模糊。繁杂的事务工作、复杂的心理纠葛、纷杂的矛盾冲突，都是我们工作中的常态。如果我们不主动寻求最优解，不先思考后行动，不分主次不做取舍，只是焦头烂额、疲于应付，那忙不完的感觉就会很容易地转变成绵绵不绝的职业倦怠。忙碌之后，空虚往往会在黑夜凝望天花板时袭来，内心也总是难免面临深刻的拷问，我这一天天的都忙了些啥？事实上，只要你愿意，工作永远干不完。"磨刀不误砍柴工"，就像新车上路需要磨合，老司机面临新路况也同样需要谨慎观察。一地鸡毛时，不妨先从工作中跳出来，轻重缓急排排序，抽丝剥茧找规律，有目标有思路，有规划有变通，路一步一步走，饭一口一口吃，跟头一个一个摔。只是爬起来时，一定要记得收集好胜利的火花，也珍藏好失败的苦酒。日复一日是自然，日胜一日是追求。功不唐捐、水滴石穿不假，但是经验既要靠经历与体验，更要靠总结与提炼，做一天和尚撞一天钟的心态，换不来真正的成长。

五

回望来时路，我们始终不愿墨守成规，努力跟上时代节奏。立德树人有一定之规，却并无恒定之法。时代飞速地发展向前，不同的成长经历也造就着不同的时代少年团。想走进年轻人的世界，进而影响年轻人的思想，老办法未必都管用，那新办法就得抓紧上线。看不惯很多时候说白了不过是不肯承认看不懂，积极跳出成见才能看到柳暗花明的回转，努力弥合代际差异才能真正从改变自我做起。一代人有一代人的成长规律，一代人有一代人的话语体系。不过，只要保持年轻的奋斗心，我们相信青春还是可以彼此映照的。有理解才有交流，才能把硬道理讲成好故事、讲出软实力；有交流才有互动，才能引领年轻人把传统的规矩传承为自觉奉行的现代准则。于是，辅导员的修炼之路就是要一方面团结青年、思考青年、研究青年、向青年学习，另一方面全力汲取文化精髓、探求传播规律、探索当代表达。我们一直这样努力学习着、研究着，并坚持把这些实践的经验凝练成共识与规律，也希望这些探索可以同样带给朋友们一些启示。

六

回望来时路，我们始终相信独木不成林，众人拾柴火焰高。当今的时代，思政教育问题交叉呈现又层出不穷，我们可以磨砺自我，在学习中不断精进，却永远不要奢望在单打独斗中解决所有问题。十八般武艺样样精通确实是越来越难，但是如果挖掘整合每个人的精耕细作，那共享共通之后的局面就一定是办法总比问题多。许多我们视野范围内看似无解的问题，一旦通过群策群力的方式，往往可以快速地觅得破解之道。共享的时代，众筹的时代，平台正在让互助共赢成为日常，让随时随地的学习借鉴成为可能。正所谓八仙过海各显神通，你有你的张良计，我有我的过墙梯。一群人，为着同样的梦想，奔走在同样的道路，却经历着不同的故事，增长着不同的能力。"川流不息"可以让五湖四海的我们因工作结缘，在思想碰撞中开阔视野，在交流互动中开拓思路，也一定可以让更多奋进的心在共享中熔炼自我，在互助合作中成就更大的业绩。

七

作为高校思政工作者，我们正在经历最好的高光时代，思政工作者被理解被肯定，被重视被支持，辅导员专业化与职业化之路曙光在前。

我们始终坚信有为就能有位，尊重是可以赢来的。

我们中的每一个都是这个时代的亲历者与受益者，回望来时路，过去我们用问心无愧的奋斗留下一段无悔的旅程，收获了成长与成熟，赢得了鲜花与肯定，也同样肩负着传承的使命与责任。

也许我们终将告别一线岗位，但是我们的热爱始终不曾离开。为了这份热爱，我们在这里记录并分享成长的点滴思考，愿每一位高校思政工作者都可以更加自主地成长自我，更加自在地驾驭工作，更加自由地讲好中国故事，更加自信地传递中国声音。

"川流不息"思政教育团队

二〇二一年八月

第一项

谈话修炼

一、非谈不可，不谈不行

说到谈心谈话，辅导员同事都非常熟悉，不管你是初入职场，还是久经沙场，都躲不开、绕不过、放不下，这是辅导员工作的主要内容。

关于重要性，我们简单聊三点。

首先，谈心谈话是"必修课"。辅导员要会谈心谈话是有规可依，依规办事。《普通高等学校辅导员队伍建设规定》中明确要求辅导员要"掌握学生思想行为特点及思想政治状况，有针对性地帮助学生处理好思想认识、价值取向、学习生活、择业交友等方面的具体问题"。怎么掌握？如何帮助？作何处理？那谈心谈话就要提上工作日程了。

其次，谈心谈话是"基本功"。各行各业都有些基本的"功课"，就像说相声的必须学会"说学逗唱"。思想政治教育是入脑入心的工作，辅导员不仅要走近学生的身边，还要走进学生的心里。一个学生在成长过程中肯定会遇到各种各样的问题，辅导员作为距离学生最近的人，在他们最需要的时候一定要和他们站在一起，认真听他们说话，理解他们，安慰他们，帮他们解决问题。这个过程中，交心的沟通是最能让学生感受到辅导员的关心与人格魅力的方法。

最后，谈心谈话是"试金石"。应该说，比赛是选拔和展示的重要平台。大家可以看到，从 2012 年第一届全国高校辅导员职业技能竞赛开始，谈心谈话就是辅导员展示工作技能的重要环节。时间到了2020 年，第八届全国辅导员素质能力大赛对比赛流程进行了大幅调整，但是谈心谈话不但作为一个重要展示环节保留了下来，还不断地优化与加强。这也作为一种导向提醒我们，谈心谈话的功夫如果不到家，想获得辅导员队伍的顶级认可还是不容易的。

不过，在实际工作中，很多辅导员还很难跟同学有效聊天。有的针对性不强，口干舌燥地忙活了半天，学生不领情、不接受，还得假装恍然，配合点头，留下一顿尴聊；有的实效性不好，小病大治，上纲上线，简单问题复杂化，甚至在学生心中埋下隔阂的种子，从此心如路人，无法同频共振。

说了半天，既然谈心谈话这么重要，那么，什么时候谈，谈什么，怎么谈？

我们慢慢谈。

二、时机是个好问题

谈心谈话应该是随时随地的，时间、地点和方式没有一定之规，合适就好，有效就行。不过，有一些重要的时机，需要特别的关注，需要及时开展谈心谈话。

总体来说有三个关键词：节点、困难和变化。

第一个关键词，说说节点。所谓节点，通俗地说就是学生在大学期间成长的一些关键时间点。笼统地概括，就是"两季两月"。

入学季。大一是道坎儿。过了新入学的新奇劲儿，好多问题就要浮出水面。比如说，从来没有离开家，独门独户地住惯了，身边忽然多出三五个朝夕相处又性格迥异、生活习惯各有不同的室友，生活环境变了，怎么适应？比如说，从来都是跟着老师的节奏，到点上课，按时自习，知识掰开了揉碎了嚼了三年，忽然间老师就开始提纲挈领，一日千里，大把的任务交给了课前课后，学习节奏乱了，怎么适应？比如说，一直把进入大学作为人生的终极目标，忽然间一不小心实现了，完全不知道这个大学该怎么读、怎么念，方向没了，该怎么适应？诸如此类。对于辅导员而言，有需求就应该有供给，一定要把握好这个节点，用经验与耐心去回应和回答好这些有关适应的问题。当然，更关键的是，我们要在这些不适期的问题解答中，尽可能地了解学生的家庭信息、成长故事、情感关切、人生抱负，并在信息的完善过程中，通过谈心谈话中的言语互动建立彼此间的了解和亲近感，为之后的工作开展打下良好的基础。需要提醒的是，入学季必谈一定要全覆盖，道理也不复杂：人都不认识，还谈什么教书育人？

毕业季。大四学生最迷茫的是选择，继续考研还是就业？出国还是考公务员？去北上广深还是回到自己家乡？继续异地恋还是就此相忘于江湖？听从父母的安排还是服从内心的声音？每个学生都在毕业这一年面临诸多选择，而这些选择又关乎学生的未来发展和职业规划。很多学生都是第一次面对这么多又这么重要的抉择，确实有可能不知所措。选择本身无所谓对错，但不同的选择却往往通向不同的未来，所以需要辅导员帮助学生分析自己的优势和劣势，用经验和知识帮助学生判断每一种选择所带来的不同结果。当然，不是帮学生做决定，主要是陪学生做决定，帮助学生自己去探索最适合的道路。不同于入学季谈话对象的全覆盖，毕业季的谈话对象是那些有困惑的学生，对于那些目标明确的学生而言，主要关注情绪变化，无须过多打扰。

考试月。对于很多学生而言，大学是放飞自我的阶段，很多学生平时忙于各项事务，直到考试前一个月才开始进行复习，学习的压力扑面而来。"平时不烧香，临时抱佛脚"，问题往往也少不了。无论学生经历过多少次大大小小的考试，考试月学生的情绪还是有可能会出现波动。一般来说，要关注两类学生群体，或者说两头的学生。第一类是成绩在保研边缘的学生，他们为了保研，会把每一门考试都当成战斗甚至决战，只能赢不能输，考试月的时候很容易因为自己的要求和实际复习的进度不匹配而陷入焦虑。还有一类是学习方面存在困难的学生，尤其是延长学年的学生，他们一方面要复习本学期的课程，另一方面要复习之前成绩不合格的课程，压力很大，都需要辅导员适时进行情绪疏导，辅导员尤其要防止学生因为复习不完干脆自暴自弃。

开学月。很多辅导员容易忽视开学月，其实开学月是各种问题的萌芽期。学生度过一个相对较长的假期，学习自不必说，还有可能会面临各类其他问题。有的学生可能因为假期一直和父母相处，会因为生活习惯或者价值理念和父母发生冲突而导致情绪波动；有的学生可能会因为家庭遭遇变故或者当地遭遇自然灾害而导致家庭经济受到影响；有的学生可能在假期因为异地和恋爱对象分手等出现情绪反常，诸如此类，也许这些问题不会在短时间内显现出来，但一旦有诱发因素，极有可能出现各类心理问题或者适应问题，辅导员要在走访宿舍、开学思想动态调研的基础上发现苗头性倾向性问题，通过谈心谈话帮学生解决问题。

第二个关键词，说说困难。人都有犯难的时候，有的是因为外部环境，有的是因为主观问题。不管是哪种，辅导员要想帮助学生解决问题，就必须了解学生，走近学生。"锦上添花易，雪中送炭难"，在学生遭遇困难的时候，就是辅导员价值体现的时候。当然，需要说明的是，我们这里说的困难不是靠学生自己的力量就可克服的小问题，而是需要借助外力引导或者群体帮扶的大问题。一般包括四种情况：学习遇到困难，家庭遇到困难，心理遇到困难，就业遇到困难。

学业困难。大学生最主要的任务是学习。学生出现学习问题，辅导员一定要进行谈话，情况复杂和严重的还要及时通知联络家长，共同帮助学生成长，防止问题进一步恶化。谈话中，要先从主观上找问题，看看学生学习态度是否端正。可能是因为不喜欢现有的专业导致学习兴趣缺失；可能是因为出现心理问题或其他突发事件；也可能是缺少了家庭监督，单纯的自我约束不够。如果态度没有问题，那就要关注一下基础能力和学习方法了，比如在一些文理兼收的专业，文科背景的学生可能理科课程基础不够，心生恐惧；再比如学生习惯了高中课上细致讲解、课下题海巩固的学习模式，还不适应自主学习的节奏。辅导员要通过谈话找出背后的原因，并根据不同的原因对学生进行帮扶。

经济困难。辅导员首先要通过查阅档案、学籍卡、学生日常反馈、侧面了解等多种方式掌握学生家庭经济基础情况，准确判断困难程度与原因，再通过有的放矢的谈话摸清细节，找准症结。这个过程要重点关注的是家庭经济困难对学生思想和心理的影响。比如部分"事实孤儿"，表面上看起来有监护人，但实际上所有的收入来源都是靠学生自己获取的。有的学生虽然在学籍档案里填写父母的姓名，但父母并不提供学费支持；有的学生和祖父母生活在一起，缺乏足够的经济支持；有的学生在重组家庭里长大，没有持续的经济来源；这类学生一般有隐秘性，也通常不愿意向别人袒露心扉，需要辅导员长期的观察与耐心细致的谈话才能得知。对于家庭经济困难的同学，除了物质援助之外，更重要的是给予精神支持，当这类学生出现问题的时候，辅导员要努力成为学生愿意信任、倾诉、依靠的亲人。

心理困难。不是所有的心理问题都能通过谈心谈话解决，所以辅导员首先要对学生的心理问题进行识别和分类，并建立档案。严重的心理问题，甚至是精神病症问题要交给专业人士处理。我们要谈的是心理困惑层面的问题，这些心理困惑通常都有明显的原因，往往可以通过倾诉的方式得以缓解。谈心谈话不能替代心理咨询，二者会有一些共同的技巧，但是承担着不同的作用。谈心谈话是对现实问题的指导解决，心理咨询要探讨心理问题的背后原因；谈心谈话有鲜明的价值认同，心理咨询师要无条件地接纳与理解；谈心谈话需要后期帮扶，心理咨询主要靠来访者的主动。所以对待心理困难学生，辅导员的谈心谈话除了指导问题的解决，更多时候只是让学生知道，辅导员一直在关注、理解并且支持着他。

就业困难。就业是最大的民生，寄托着全家人的期盼，也是对大学生学习成果的检验，学生就业质量的高低同时也反映着学校的教育水平。对于就业困难的学生，辅导员一定要制定相应的对策，对学生进行一次甚至多次谈话，了解学生就业出现困难的具体原因。有的学生可能是就业期望值太高导致就业困难，有的学生可能是因为自身条件达不到要求而就业困难，无论何种原因，辅导员都要和学生谈话，帮助学生查找原因，探索对策，同时多渠道搜集就业岗位，提供给有需求的学生。

第三个关键词，说说变化。日常工作中，如果发现学生的情绪与行为发生变化时，一定要及时谈话，因为这些变化很可能是因为变故。一般来说容易导致学生产生波动的，主要有四种情况：家庭的原因，情感的原因，处分的原因，人际的原因。

家庭变故。家庭变故包括自然灾害或人为事故，无论何种情况，都会在学生心里留下创伤。辅导员必须第一时间跟学生谈话，在其离开学校之前或者返回学校之后，及时面对面对学生进行安抚，疏导情绪。除了安抚情绪外，还要对学生进行角色意识唤醒。每个学生都会扮演很多角色，对父母而言是子女，对同学而言是同学，对老师而言是学生，不论是哪一种角色，都意味着责任。当学生认同自己角色的时候，也往往能意识到责任。比如：有一位学生父母遭遇车祸，情绪崩溃，一位年长的辅导员和学生沟通的时候告诉她：在我面前，你可以哭。上了火车，你也可以哭。但是孩子，请你记得，到了父母的监护室外面，就不要哭了。因为你是家里的顶梁柱，你还有个妹妹，现在父母需要你来做决定，妹妹也需要你来安慰。这就是角色唤醒，让学生在悲伤之外，想起来自己还是长女，是家里事情和责任的承担者，从而让学生从悲痛中走出来，获得一种心理上的省悟。学生遭遇突发事件的时候，很多时候不需要赋予他特别的力量，因为重新振作的力量往往就在学生自己身上。

人际关系。大学生来自五湖四海，他们的原生家庭、文化背景、成长环境、教育经历、生活习惯、价值观念都不尽相同，处理人际关系的能力也有所不同，出现各类人际关系问题的概率非常高。很多大学生都曾经遭遇过人际关系问题，大学生缺乏交往的技巧与经验，一旦出现人际关系矛盾的时候，向内很容易产生焦虑抑郁情绪，向外则容易引发吵架斗殴，严重的时候甚至会导致危机事件。学生之间如果出现了人际关系矛盾激化现象，辅导员一定要第一时间作出反应，通过和当事学生逐一谈话了解情况，找出原因，引导学生彼此尊重，相互包容和理解。

情感变化。辅导员在工作中会发现，学生在情感上很容易出现问题。这和大学生的特点有关，他们正值青春期，生理趋于成熟，对亲密关系的需求会变成大学生活中非常重要的一课，很多大学生甚至把谈一次恋爱当成大学必做的十件事之一。但学生毕竟阅历较浅、思想单纯，需要学习如何和异性相处以及如何处理情感纠葛。处理不当就容易在分手的时候产生严重的失去体验，出现心理问题，甚至出现极端情绪。当学生因情感变动引起情绪波动时，辅导员一定要及时谈心谈话，帮助学生树立正确的恋爱观，正确看待失恋，重新思考爱情，平稳度过波动期。

受到处分。受处分的大学生虽只是极少数，但无论什么原因受到处分，对学生而言都是其大学生涯中的一个重大事件，内心敏感脆弱的学生，甚至会因此引发一系列问题。一旦学生受到处分，辅导员需要第一时间和学生谈话，对学生的情绪进行安抚，给予学生安慰和鼓励，同时引导学生以更长的时段来审视处分带来的影响，正确面对错误，勇于承担后果，引导他们在以后的大学生活中积极向上。要注意的是，谈话过程虽然要坚持原则，讲清道理，但态度上不要过于刻板严厉，更不可言辞过激，因为此时学生更希望得到的是尊重与帮助。

谈心谈话非常重要，但也不是万能的，不是什么问题都能依靠谈话得到解决。尤其是严重的心理危机与精神性疾病，一定要尽早介绍学生接受专业系统的心理咨询或者精神医师治疗，自己做好关心关爱关注，千万不要盲目自大，贻误时机，影响问题的解决。

三、谈就要谈出实效

说一千道一万，谈心谈话的关键还是谈，要真正谈出实效，解决问题，最终要看具体操作。

我们接下来聊三个问题，原则、步骤和技巧。

（一）谈话原则

首先，谈心谈话应该遵从"真诚尊重、理解共情、客观求实、保护隐私"四条基本原则。

第一，真诚尊重。态度真诚是让学生感觉到被尊重与重视的最好办法。学生在和辅导员沟通的时候，辅导员的态度是否真诚是很容易被感知的。真诚体现在辅导员和学生的一次沟通过程中，也体现在辅导员的日常生活方式和行为方式中。在谈心谈话中，辅导员要对学生坦诚以对，真心实意为学生打算，即使有了不同意见，也要及时交流。

一般来说，表达真诚除了态度之外，还有一个方法叫"自我揭露"，可以让学生感觉到辅导员的真诚态度，从而对辅导员产生信任与认同，敞开心扉，解决问题。"自我揭露"理论来自著名心理学家西德尼·朱拉德，他的主要观点是，为了良好的精神健康，每个人都需要至少有一个人，可以放下面具与对方保持透明的关系。而人与人之间的亲密度取决于知道对方多少私密的事情，知道得越多，关系就越亲近；反之，如果对对方的私事毫不知情或所知甚少，就代表双方距离较为疏远。有时候学生不愿意和辅导员分享私密的事情或者袒露心事，是因为觉得和辅导员距离太远。面对学生，自我揭露到什么程度才能不影响老师的权威是个技术活，过度可能会把学生吓跑，不到位则达不到效果。分寸的选择是分享一些通用型的烦恼，也就是谁都会觉得很正常的遭遇，每个人在成长期可能都会遇到的烦恼，比如考试失败、失恋、没有通过面试等。这些因为能力或者粗心而导致的悲惨经历可以拉近彼此距离。

比如：一个学生得了抑郁症不愿意让辅导员知道，辅导员想法设法让同学帮忙把他拉到辅导员的谈话室。学生非常抗拒，甚至告诉辅导员自己已经编好了一个故事给她。辅导员没有立刻开始谈话，先给学生倒了一杯水，说我也有一个故事讲给你听。辅导员告诉学生自己前一阵子遇到了抑郁情绪，分享了在那一段抑郁情绪中自己身体和心理上所有的反应。当辅导员谈到自己莫名其妙地想哭的时候，忽然看到学生头往上抬努力让眼泪不要流下来。于是这场沟通就开始变得顺畅起来。

当然，有一点是需要注意的，要把握好分寸或者度，过犹不及。通常情况下，我们想听别人不堪回首的往事，但是又不能太过，不能太惨。辅导员一旦在沟通的过程中表现出深刻的情绪困扰，学生心中就会产生"救助的压力"，会感觉有义务来帮助安慰老师，特别是没有人生经验的年轻学生，会产生想要逃离的感受。当辅导员分享悲惨的事情时，一定要让学生知道：我之所以会分享这个秘密，不是因为现在还深受其扰，而是因为印象深刻，这件事情已经过去了，我现在可以用积极的态度谈论不堪的往事。这样学生才可以隔着一段距离，安全地在辅导员的故事里寻找自己。

尊重是辅导员与学生谈心谈话能够深入的基础，这意味着辅导员可以接纳学生，能够赞赏或认同学生的内在价值。辅导员和学生谈话的时候一定要放下权威，把学生当成一个在人格上和自己平等的独特个体，而不是一个有问题的人，切记不能指责、羞辱、威胁、命令或者主观臆测。很多辅导员和学生谈话的时候，会出现无法深入的情况，原因在于辅导员谈话前预先揣测学生的意图和自己的谈话进度。当学生没有按照自己的预期回答时，辅导员就会着急结束或者加快谈话进程，学生说到一半，辅导员就以为自己听明白了，得出和学生意图不符的结论来。即使猜测是对的，也会让学生感觉到不被重视不被尊重。这样的谈心谈话无论结果如何都是不成功的。

第二，理解共情。理解是沟通的桥梁。辅导员只有真正理解学生，才能走进学生的心里。理解学生要求辅导员要有同理心，能够换位思考。所谓同理心，是指能够体会他人的情绪和想法，理解他人的立场和感受，并站在他人角度思考和处理问题的心态。一个学生发了一个搞笑的段子，调侃学院的政策，辅导员小王认为学生思想品德有问题，需要严肃批评并给予处分；而学生就觉得虽然自己有错，但是没有到处分的程度，不过是每个人成长过程中都会犯的错，所以批评教育就可以了，不能接受处分。面对的情况一样，为什么会出现如此大的差异？一切都是立场使然。辅导员只从自己的立场出发就会忽视学生的想法和需求，就很难取得良好的沟通效果。因为辅导员很容易站在自己的角度，来审视学生的想法是不是不正常、不合理等等，从而可能忽视从学生本人的角度来看这个陈述对他的意义。辅导员如果能积极主动换位思考，从学生的视角观察思考，设身处地为学生着想，从学生的角度看问题，就能够降低学生的防御心理，减少对方的抵触情绪。

共情最初由人本主义创始人罗杰斯阐述："咨询员能够正确了解当事人内在的主观世界，并且能将有意义的信息传达给当事人。明了或察觉到当事人蕴含着的个人意义的世界，就好像是你自己的世界，但是没有丧失这'好像'的特质。"① 共情可以通俗地理解为感同身受，即能够设身处地感受他人的内心世界。比如，一个学生失恋了，具有共情能力的辅导员会说：失恋一定很难过吧，我依然记得我当年失恋时的样子，我知道那种感觉，太难了。"这一刻，学生的感受是被真正理解了，而没有共情能力的辅导员会忽略情感共振这个步骤，用自己的经验直奔主题，告诉学生应该怎么做，不能怎么做："没事，大

① 贾晓明：《现代精神分析与人本主义的融合——对共情的理解与应用》，《北京理工大学学报（社会科学版）》2004 年第 5 期。

不了咱们再找一个，不要难过了。我告诉你，一般谈恋爱都会失恋，失恋没什么大不了，你应该……"最后导致的结果是"沟"而不"通"，辅导员说了很久，学生一句话也没有听进去。所以，和学生谈话的一个重要原则就是"共情"，了解对方，理解对方，从而真正解决问题。

第三，客观求实。客观中立的意思是辅导员在和学生谈话的时候不以自己的价值取向或者固定立场进行评判，也就是对学生谈到的事情不轻易主观臆断。沟通过程有两种信息：一是要传达的内容，二是所表达的情绪。学会心态平和，不带情绪、中立客观地沟通是解决问题、软化冲突的起点。无论学生的要求多么不合理或者情绪如何激动，辅导员都要让自己平静下来，从"这个学生真讨厌"到"他为什么会发生这样的事情"再到"我应该怎么做"，通常辅导员保持心态平和，学生也会慢慢平复下来。但是，也可能会有极少数学生，会把辅导员的平和善意当作屈服，这时辅导员更要保持冷静不要被学生的情绪牵着鼻子走，继续关注情绪背后的内容，找到有效沟通的突破点。比如：当学生有了错误或是不当的行为后，你要对他进行批评教育，谈话的目的本来是为了对方好，但是学生可能怀着预判认为你是要批评他，所以会百般抵抗，辅导员会觉得学生不识好歹，我明明为你好，你怎么还这么对我，于是辅导员可能会激动甚至愤怒起来，指责性的语言就会增多，必然会招致学生情绪的反弹，最后导致谈话无效。这就是情绪化的螺旋效应，也就是一方情绪化导致另一方情绪化，然后在双方之间形成一个巨大的情绪螺旋，不断上升，最终不欢而散。

但是辅导员在沟通中不能为了取得学生的信任而一味迎合学生或者答应学生一些不合理的诉求，这很容易让工作陷入被动。当一件事情辅导员无法做到的时候，一定要如实告诉学生不能做到的理由。比如一个学生因为相信辅导员，告诉辅导员自己曾经有过自伤行为并且现在还会有这样的想法，为了学生的安全，这种事情是需要告知家长的，但如果辅导员事先已经答应学生保密，又告诉了家长，就是对学生的背叛，会导致学生再也不愿意信任辅导员从而阻碍后续工作的开展。所以，辅导员一定要实事求是，有所为有所不为。

第四，保护隐私。辅导员和学生谈话时，常常会遇到涉及学生个人隐私和他人隐私的问题，也会涉及到学生原生家庭的隐私问题。对这些隐私问题和学生不愿公开的问题，辅导员绝不能泄露。即便辅导员要借用案例进行朋辈教育，也要事先征得学生同意。一些隐私性的话题，如果不涉及学生的生命安全和道德法律，即使是对其他教师和学生家长也不能随意公开。泄露学生的秘密，不仅会使辅导员失去学生的信任，而且还会造成让人意想不到的严重后果。有个学生有自杀自伤风险，心理咨询师反馈信息给辅导员，结果辅导员在闲话间告诉了办公室的同事。一天，学生到办公室办完事刚走，一个同事忽然问辅导员：这个孩子就是你说的那个有问题的学生吗？学生恰好返回办公室拿遗落在辅导员办公桌上的杯子，听到后非常难过，也因此导致心理问题越发严重，最后退学。辅导员老师要把学生的信任看作是做好教育工作的有利条件，不能以此作为谈资，也不能据此作为评价学生的依据，更不能在学生犯有错误的时候翻"旧账"。哪怕是需要和家长沟通，除非是危及到生命安全，也建议辅导员事先征求学生意见。

另外，现代社会科技发展给人们带来了前所未有的便利，人们越来越依赖现代通信手段，年轻的学生更习惯于隔着屏幕交流。但是网络永远无法取代交谈本身。研究显示，人们沟通中的信息只有7%是通过语言传递的，38%是通过语气语调，55%是通过身体语言。[①] 在面对面的交流中，人们会调动这三个要素，用电话交流只剩下语言和语气语调，使用电子邮件、短信或社交媒体来沟通的时候，就失去了大部分的有效沟通工具。所以辅导员与学生的谈话尽量面对面进行，只有在万不得已的情况下，才需要借用网络或者电话沟通。

（二）谈话步骤

辅导员的谈心谈话工作大致可以分为三个阶段。

第一阶段，准备阶段。这一阶段的工作就是了解谈话对象，收集相关材料，包括信息收集、问题准备、确定空间三个环节。第二阶段，谈心谈话。这一阶段的主要任务是尽快和学生建立信任关系，明确谈话目标，纠正学生认知偏差，探索问题的解决方法和路径，提供

---

① ［美］迈克·贝克特尔著，陈芳芳译：《跟任何人都聊得来：最受世界500强企业欢迎的沟通课》，九州出版社2010年版，第94页。

后期帮扶措施。第三阶段，评估总结。这一阶段的工作是总结经验，进行重点案例记录。

我们按照这个三个阶段，分为十个步骤来说。

一是信息收集。收集信息是做好谈心谈话的必要环节。尽可能对谈话对象进行全面的信息收集，比如学生的原生家庭、教育背景、日常生活（食欲、睡眠）、兴趣爱好、人际关系、学习状况、过往（创伤、父母关系）等。方式很多，可以查阅档案、学籍卡、同学反馈、日常观察、与学生父母沟通等。在查阅档案的时候，要特别注意学生的家庭情况，尤其是隐藏的"事实孤儿"。值得注意的是，辅导员在想要了解某个学生的信息时，不要太刻意，太刻意会让学生觉得自己的隐私被侵犯或者没有得到应有的尊重。信息收集尽量在和同学的日常沟通中进行，比如用闲谈的方式问问同学：我昨天看见小美一个人在路边喂小猫，她是不是很喜欢小动物啊？你们班同学怎么评价班长的工作啊？原来一直看见小玉和一个男孩一起走，最近好像就她一个人，你知道点什么吗？你们宿舍同学相处怎么样啊？在你们宿舍里，你和谁关系最好啊？

二是问题准备。在信息收集的基础上，大概准备一些谈话中可能会用到的问题，如果需要的话，把问题提前写下来做个问题清单，不仅可以加深记忆，也能够有的放矢，不让谈话偏离既定的轨道。一般问题清单里包括两类问题：常规性问题和针对性问题。常规性问题一般可以围绕着日常学习、人际交往、家庭成员、性格特质、兴趣爱好、宿舍关系等方面进行设计，针对性问题就要根据谈话对象的具体情况和谈话目标进行设计。如果想和学生谈谈学业，那么就要围绕着学习进行问题设计。

三是空间准备。谈话空间一般分为物理环境和心理环境。前者对后者会产生影响，后者决定谈话过程是否顺利。物理环境非常重要，谈话的空间尽量安静，保证私密性。谈心谈话是辅导员和学生建立信任关系的过程，一般来说，要尽量选择辅导员熟悉的空间。心理学研究，人在熟悉的环境里会有心理优势，底气也会很足，做起事来也比较有把握。和学生谈心谈话，如果没有特殊原因，最好选择辅导员熟悉的地方，尽量避免在学生的宿舍内。其次，多人在场或者嘈杂的环境都不利于谈话的顺利进展，尤其不要在所有同事都在场的空间内谈话（当然，表扬除外，某些时候在公开场合表扬学生可能更有利于谈话的进行和效果的达成）。可能有一些高校不具备良好的谈话环境，可以利用现有的资源环境，在安静的树林一边散步一边谈话，爬山、看海都可以。特殊情况下，辅导员也可以约学生到咖啡馆或者食堂，但切忌让学生承担费用。

四是建立信任。信任是谈心谈话顺利进行的基础。对于辅导员而言，建立信任关系要比树立权威更为重要。比如，利用谈话开始前的1分钟和学生迅速建立关系，消除陌生感；比如，利用微笑让学生感受到辅导员的真诚与接纳；比如，利用日常相处建立信任关系等，都很重要。在和学生的日常相处中，辅导员要做到"功夫在平时"，信守与学生之间的承诺，言行一致，行为有度，关爱学生，这才能让学生信任自己。如果一场交流能够进行下去，一定是学生信任辅导员并从这场谈话中感觉到了尊重与理解。

五是明确目标。谈话中一定要明确目的，即希望通过谈话达到什么目标。当辅导员和学生在谈话中朝着一个目标努力的时候，两人就会有力量去攻克最复杂的障碍。哪怕谈话偶尔偏离了目标，辅导员也可以在适当的时候把对话引导回最初的目标。比如，当学生因为感情困惑来寻求帮助的时候，辅导员需要和学生一起探讨谈话目标，是减轻焦虑还是控制情绪，抑或是如何解决沟通问题。

六是纠正认知偏差。很多辅导员会发现，学生之所以很难被说服，主要是认知存在偏差的缘故。认知偏差主要有三种：基本归因偏差、行动者—观察者偏差和自利偏差。基本归因偏差的意思是在不了解外部环境因素的前提下将个体的行为归因于人的性格和态度；行动者—观察者偏差的意思是行动者往往会把自己的行为归因于外部环境，如果是观察者就会把他人的行为归因于性格和态度；自利偏差是指尽量让自己处于有利地位，积极的结果归于个人，消极的结果归于环境。当学生的人际关系出现问题，一般都是因为认知偏差，这会产生三种沟通陷阱：无辜者心理（这不是我的错）、无助者心理（我也没办法）和受害者心理（他们故意针对我）。如果学生在人际关系上出现问题，宿舍同学的心态一般逃不开这三种心态，辅导员在和这些学生沟通的时候，就要针对这三种心态，帮助学生纠正认知偏差，抱着客观理性的态度分析事情和行为，针对不同的事情采取不同的应对策略。

七是建议帮扶。谈心谈话和心理咨询的最大不同在于，谈心谈话需要给学生提供建议，帮助学生解决问题，必要的时候还要根据谈话的内容和进展，给出后续的帮扶方案。和一个学业困难的学生谈话时，要和学生一起探讨出提升学习成绩的方案；安慰一个失恋的学生时，要给学生一些可以平稳渡过失恋的建议和方法；当学生出现严重心理问题时，辅导员要帮助其寻找支持系统和社会资源；严重心理问题的学生除了需要多方支持外，还需要有一个人长期和他保持互动并进行陪伴。如果学生的父母做不到，就需要辅导员去部分替代"父母"的角色，比如每日了解学生心情，掌握学生动态，让学生感觉到自己是被关爱的。

八是结束谈话。谈话时间尽量控制在一个小时以内，超过 60 分钟很容易让双方的情绪疲惫。有两种结束方式：第一：通过观察结束谈话。如果学生有一些希望谈话结束的动作或说了希望结束的话，比如有意低头看手机，四处张望，心神不宁，改变坐姿，脚尖向门口等，辅导员就要根据情况，迅速结束谈话。第二，明示式结束。比如辅导员有着急的事情要处理或者是学生一直不停反复讲一些没有实际意义的话，辅导员可以直接表达要结束的想法：你今天说的事情我非常感兴趣，也非常感谢你愿意跟我分享你的心情，但是很抱歉我一会儿有个重要会议，我会再仔细想想你说的事情。期待下次我们俩还能像今天这样真诚地谈话。当然，为了让谈话更有仪式感，辅导员也可以给学生一个握手或者寄语来结束谈话。

九是复盘评估。谈心谈话结束后，辅导员都要及时复盘评估，对整个谈话过程进行回顾，对谈话中遇到的问题及时梳理，总结经验，吸取教训。复盘可以从四个方面进行：一是回顾目标，主要是通过回顾判断当初制订的谈话目标是否达成；二是评估效果，找出谈心谈话过程中的亮点和不足；三是分析原因，仔细分析谈话中成功和失败的原因；四是总结规律，通过分析，总结出共性问题。复盘评估的工具很多，一般来说可以借助思维导图进行。当然也可以使用表格的方式进行。不是所有的谈话都需要复盘，建议针对谈话过程比较有难度、问题比较严重的案例进行评估。如果是多次谈话，可以每次都评估，也可以最后来一次总评估。

十是案例记录。坚持重点案例要有记录。所谓的重点案例是指学生的问题比较严重，需要长期跟踪或者多次谈话的案例。比如严重心理问题或者是危机事件后的干预。一般而言，谈话记录由四个部分组成：谈话概况（时间、地点、谈话对象的基本信息）；谈话主要内容（按照时间顺序客观描述，切忌主观臆测）；具体帮扶措施；谈话启示与后续改进措施。这种记录可以是一次，也可以是很多次。谈话记录一方面可以让辅导员动态了解学生的情况，另一方面也能在必要的时候让家长了解事情始末，可以更好地配合学校开展工作。从辅导员的角度来说，案例的记录是经验的累积，也是青春的记忆。

（三）谈话技巧

辅导员谈心谈话都会有一些习惯性使用的方法与技巧，归纳起来，非常类似于中医的问诊过程，也就是"望闻问切"，借此进行观察、倾听、提问、引导。

第一个方法：望。身体语言是一种奇妙的表达方式，在和学生谈心谈话的时候，如果用心去观察学生的身体语言，可以帮助辅导员读懂对方的小心思，更容易走进学生的世界。

技巧一：观察表情。察言观色其实就是观察学生的表情变化。一个人的面部表情特别是眼神的变化往往代表了他的真实想法。对一件事情感兴趣或者恐惧的时候，人的瞳孔会放大，反之则会缩小。当一个人做错了事情，会回避和对方的眼神交流，视线往往会转移到别的地方。当学生对辅导员的谈话很感兴趣的时候，一般的表情是身体稍微向前倾，看起来很有兴趣，眼神专注，嘴角上扬，眉尾向上升，会随着话题的内容而表现出不同的表情，或开心或吃惊或悲伤或无奈等；会积极回应，比如："真的是这样吗？""结局竟然是这个样子的呀！""太出乎我的意料啦！"如果对谈话不再感兴趣，那么学生可能会身体后靠，或者抱着胳膊，用手捂着嘴巴，或者眼神飘忽，连连打哈欠等；也许他会回应问题，但也只会说"嗯""行""可以""哦"等。

技巧二：观察肢体动作。人和动物一样，在面对外在环境时会出现本能的反应。当发生重大变故或者极度害怕的时候，人往往会交叉手指或者手不自觉发抖；当一个人内心紧张的时候，可能会不断摆弄东西或者下意识地摸头发或者脖子；坐姿的变化也能反映出一个人的心理变化。比如，说谎者会在行为上有所退避，整个人缩起来、低头或者紧张，反复说同样的话等。还有一种需要辅导员观察的是学生腿部动作的变化，英国一个心理学家发现了一个很有意思的现象，那就是越远离大脑的部位，越能反映一个人的内心真实世界，比起面部表情，脚部和腿部的动作可能更值得观察：比如交叉双腿表示不安，一条腿架到另一条腿上代表抗拒。

案例：

> 一个学生因为失恋后情绪不稳定，辅导员和他谈话，开始学生双臂交叉，一条腿随意搭在另一条腿上，整个身体摊在沙发上。辅导员就知道自己说的话，学生并没有听进去。但是辅导员在和学生交流的过程中观察到了学生的愤怒情绪，于是使用了假设性的提问，让学生释放出来情绪，就发现这个学生的坐姿变化，他的双臂放了下来，腿也松了下来，立刻坐直了身子，身体前倾，这就意味着学生心态的放松。

所有的观察一定要放在相应的情境中，这些都是帮助辅导员做判断的辅助手段，不能成为主要判断依据。

第二个方法：闻。这里的"闻"很容易理解为嗅，其实"闻"还有"倾听"的意思，中医里的"闻"讲究听病人的气息。不过，闻闻气味虽然画面滑稽，也不是完全用不上。我们和一些学业困难或者人际交往出现问题的同学散步聊天，有时候会闻到同学已经有几天没洗头没洗澡了，也就是说生活状态也能"闻"出来。说到倾听，每个人都热衷于表达自己，同时每个人内心又深藏一种渴望——希望别人能够认真听自己说话。一旦有人倾听，就会讲得更多，讲得更好，讲得更投入。和学生谈话的时候，倾听绝对是最好用的一个技巧，而当学生发现辅导员在耐心倾听的时候，也会在情感上与辅导员亲近。我们也会开玩笑地说，之所以人类有两只耳朵，一个嘴巴，就是在启示我们要多多倾听。但是倾听并非想象中的那么简单，很多时候辅导员认为自己储备充足，阅历丰富，或者时间有限，会忍不住打断学生，开始自己的倾诉，而不是倾听。另外，不光要听，还要会听。一项调查显示，人们在听别人讲话的时候，往往接收到的信息只有真实信息的 25%，大部分信息都因为不会倾听而错过了。要学会从复杂的信息中快速提取核心要素。所以倾听既是复杂的沟通方法，也是有用的方法。

技巧一：共鸣式倾听。共鸣式倾听就是用心聆听，设身处地以学生的角度来想问题、看世界。在所有的倾听方式中，这是最有效的。辅导员要放下自己的想法与判断，把注意力完全放在学生身上，把学生当成关系的全部，从学生的角度去考虑问题，同时互动给出一些看法和建议。辅导员要记住的是，能够解决问题的只有学生自己，辅导员能做的不过是在倾听的时候表现出理解与体谅，倾听学生叙述的事情背后的动机、事实、情绪与感受。凯文卡·什曼教授说过："真正的聆听不容易做到。我们听到的只是词语，我们很少真正慢下来去洗耳倾听，去聆听那些感受、恐惧和潜藏的担忧。"[1] 很多时候，当学生表现出了某种情感或者感觉，就需要辅导员对此进行反应，也就是情绪共鸣。简单来说，就是观察和描述学生的感受，让他知道，情绪已经被接受、理解，并且可以继续讲。一旦学生觉得辅导员体察到了他的情绪，听懂了他的话，那么辅导员后面说的话就会变成他想听的话。情绪共鸣的一个外在表现是鼓励，也就是通过微笑、点头、目光接触等赞赏的方式呼应对方，表现出倾听的兴趣。适当点头可以让对方感觉到认同并增加说话的勇气。另外一个表现是可以用语言附和，比如："我可以理解你的感受""我能想象""是这样的""我很理解你，换作任何一个人恐怕都会生气""做这件事，你一定非常高兴吧""当时你的老师说完那些话，你一定很失望吧！"

案例：

　　一个学生觉得学院分配保研名额的算法不公平，所以投诉到学校，学校了解情况后要求学院做好解释和安抚工作。学院几位老师和他谈话，在谈话中，学生一直在坚持自己的

---

[1] ［美］梅若李·亚当斯著，秦瑛译：《改变提问，改变人生：12 个改善生活与工作的有力工具》，机械工业出版社 2018 年版，第 96 页。

分配方法并要求一定要得到一个保研名额，不然就誓不罢休。
辅导员在倾听学生讲话的时候发现，学生一直试图向在座的
所有老师解释自己的计算方法，但老师们却一致认为他的方
法和学校的主流算法是相悖的。后来辅导员单独和他谈话，
站在学生的角度认真倾听了那个方法对于学生的意义，同时
表达了一定程度上的理解。最后学生告诉辅导员，终于有人
听懂了自己的讲话，他坚持到后来就想要一个理解，证明自
己不是无理取闹。最后，他决定自己凭借努力考取研究生。

技巧二：重点归纳式倾听。有时候辅导员会发现学生传达的信息
很杂乱，弄不清楚学生到底想表达什么，需要概括和确证。辅导员不
需要对学生说过的每一句话都做出反应，重点是把谈话中发现的问题
提出来，与对方讨论。这样一方面可以消除误会，同时也可以让对方
知道自己在认真听。学生会发现辅导员可以看到并理解他的情绪，从
而达到疏导情绪的目的。具体操作可以这样：对学生的话中的重点进
行归纳总结，并向学生确认，如果学生认可，表示理解或者同情，如
果学生不认可，那就请对方进行澄清。例如：所以，你刚才觉得我理
解的不对，那你的意思是？

比如学生在谈及过去给他现在造成的伤害时，可能会谈到好几件
事，辅导员要判断哪件事影响比较大，可以这么提问：这件事和刚才
提到的，对你影响一样吗？也就是说，将两类话题进行类比，可以引
发对方更多的思考，因为是经历过的事情，而且问题有层次，学生就

会觉得这个老师是理解我的，听懂了我的话。实践也证明，绝大部分学生都愿意积极讨论。又比如当辅导员发现学生每次谈到一类事件的时候就会很激动，就可以这么提问：有几次，当我说到这里，你就会情绪很激动，我很想知道，你为什么会这样？所以，你的意思是……，对吗？所以，我可不可以这么理解……

特别说明，面对性格内向、不善言辞的学生更要耐心倾听。有些学生谈话的过程中，可能从头到尾都没有说过几句话。辅导员为了不让谈话冷场，就会着急说很多话，最后发现收效甚微。面对此类学生，辅导员首先要做的是保持心平气和，不要试图帮学生完成对话，无论学生讲话多慢，都要耐心听完，同时用简短的语言"好的""嗯嗯""是吗？"或者点头等方式表达自己对学生讲话的兴趣。

第三个方法：问。德国著名物理学家海森堡曾经说过：提出正确的问题，往往等于解决了问题的一半。[①]问题很多时候比答案还重要。对辅导员来说，不会倾听不行，不会提问也会让谈心谈话失去方向。提问是一把钥匙，恰当的提问可以推动谈话的深入，也会获得很多有价值的信息，甚至可以激发学生自己找到答案。

技巧一：分类法。因目的不同，问题可以分为封闭式问题和开放式问题。一般来说，封闭式问题指的是用"是"或者"不是"来回答的问题，或者是多选一的问题；开放式问题则是对方可以自由回答。

---

① 郑小兰：《有逻辑地提问：知道你不知道又想知道的一切》，北京理工大学出版社 2015 年版，第 1 页。

到底使用哪种提问方式要根据谈话情景、双方的关系以及说话的语气进行判断。

一般来说，在交谈刚开始的时候，封闭式提问是不错的出发点，比如你最近还好吗？你早晨吃饭了吗？信息收集阶段，建议更多使用开放式问题。比如：你父母都是做什么职业的？那件事对你后来有什么影响？没课的时候你都喜欢做什么？

面对一些内向的甚至对谈话有排斥的学生时，封闭式问题可以帮助辅导员完成破冰，和学生建立沟通关系，慢慢打开学生心扉。比如：今天满课也挺辛苦吧？要不要喝杯水？

案例：

> 一个学生性格孤僻，又患上了抑郁症，不愿意和同学交流，甚至和母亲都很少说话。辅导员找他谈话的时候，他一言不发。恰好谈话室里有一个小鱼缸，插上电就有流水的声音。于是辅导员问：后面那个鱼缸的声音会不会有点吵？学生回答：不会。辅导员接着问：那你要不要去看看那些鱼？学生站起来去看了五分钟的鱼，辅导员又接着问：我很久没给它们投食了？你要不要去喂喂它们？于是学生拿起鱼食喂鱼。接着辅导员接着问：你喜欢哪条鱼？学生没回答，用手指着一条红色的小鱼。辅导员说：我也很喜欢这条小鱼，你为什么喜欢这条鱼啊？学生开始回答，虽然回答的字数不

多，但是辅导员已经开始慢慢打开了学生的心扉。要注意的是，封闭式问题不要一直使用，很容易把场子聊冷。

封闭式问题可以控制局面，激发学生思考，引导谈话方向。当学生陷入到某种情绪"钻牛角尖"的时候，辅导员可以尝试使用封闭式问题指明方向，引导学生思考。例子：疫情期间，一个学生因为女朋友提出分手，不经学校同意，冲动之下从韩国飞回国内，刚到机场就被隔离了十四天，辅导员和他谈话，学生谈到自己的恋爱史，滔滔不绝，情绪起伏不定，为了让学生更理性思考自己的爱情，辅导员问了他一个问题：你的执念背后是什么，是爱还是不甘与愤怒？两天后，男生告诉辅导员：老师，我仔细思考了你的问题后豁然开朗。原来对方并没有我想象中那么重要。我的执念背后其实是我对自己的不满，还有自己内心的不安全感。

相对于封闭式问题，开放式问题更能让学生自行决定想讲述的内容，让沟通变得更加容易，学生会觉得辅导员真正在意他，从而增进彼此的信任。不过，开放式问题需要学生配合，尤其对性格内向的学生来说，开放式问题会带来压力，一旦沟通双方的信任尚未建立或者氛围不太融洽的时候，学生容易回答不知道或者想不起来，问题就会无效。

使用什么样的提问方式，取决于想要沟通的结果是什么，如果想让对方多说，以开放式问题为主，如果想让学生思考或给出答案，就使用封闭式问题。

技巧二：假设法。当辅导员遇到观点和自己相左同时又固执己见的学生的时候，可以使用假设性问题。假设性提问有三种类型：角色假设、思路转换、条件假设。

角色假设提问是通过提问赋予学生一个角色，学生在扮演假设角色的过程中逐渐适应。在心理学上这叫"角色效果"。角色转换有利于引导学生冷静分析形势，换位思考。

如果时光可以倒流到十年前，你想对那时的你说点什么？

假如多年后你的儿子遇到了和你一样的问题，作为父亲，你想对他说什么？

假如现在对面坐的是你的母亲，你想对她说点什么？

案例：

　　一个辅导员发现学生有强迫行为，和学生进行沟通，辅导员首先做的是让学生明白心理疾病和身体疾病一样，都是正常的，最好去医院进行诊断并及时治疗，学生也慢慢接受了老师的意见。但是当辅导员想要通知家长的时候遭到了学生的激烈反对。因为作为家里的长女，她不愿意给家里增加负担。辅导员于是通过角色假设问题引导学生进行角色转换：多年以后你也会做母亲的。假如，多年后，你的女儿和你一样，遭遇了人生的一个重大坎坷，但是她很懂事，不想告诉你，于是一个人苦苦地熬着。当然，很幸运的是，虽然很难，她也熬过来了。有一天，她会告诉你这段艰难的过往。作为母亲，你的心情如何？学生立刻说：我会很难过。如果当时我能站在她身边就好了。辅导员接着说：是啊，你的母亲也是这种想法啊。如果有一天当她知道自己女儿如此难过，她会自责愧疚，为什么在女儿最艰难的时候，她没有站在孩子身边呢？

思路转换假设提问一般用在直接提问没有效果时，尝试让学生换位思考。例子：学生因为自己的错误给学院造成了影响，但又不愿意承担犯错的后果。这个时候可以用假设性问题进行谈话：你也知道这次的行为给学院造成了影响，甚至你们班级也因此没法评选优秀班集体，你也知道校规校纪，作为辅导员，我也有个问题。如果你是我，你会怎么处理？既能让学院和同学们感觉到犯了错要承担相应的后果，你自己又不那么难受？当然，有可能这个学生听到问题后，还是不能担当，但是这种提问方式要比直接质问效果更好，也能引导学生反省，防止下次再犯错误。

条件假设提问的意思是假设一个条件，引导学生从具体节点思考改变。例子：一个学生沉迷于网络游戏，成绩非常差，辅导员多次找他谈话，没有效果。有一次，学生通宵上网彻夜未归，辅导员在网吧找到他，和他进行了一次谈话。在谈话中，辅导员问他：刚才看你玩的是电脑自带游戏，我很奇怪，你怎么会玩这种游戏呢？学生回答：就是打发时间。辅导员接着问：你有没有一个时刻觉得自己过得很充实的？学生回答：有，有一次，我去图书馆看了一个小时书，觉得挺充实。辅导员接着问：假如，时间可以倒流，让你能够改变身上一个缺点，你想改变什么啊？学生回答：我想变得更自律。接下来，辅导员和学生就如何自律展开了讨论并尝试制订详细可落实的学习方案。

技巧三：亲和法。谈话中很重要的一点是加深两人的共通理解以保持对等关系。每个学生背后可能都有一段辅导员并不了解的历史，如果想将谈话深入到更深层次，一定要加深共同理解。假如学生并不想和辅导员多说话，辅导员可以通过营造气氛促使对方说得更多，一个做法是依照对方的喜好提出问题。不论是谁，对自己感兴趣的话题都愿意交流。辅导员可以通过一些简单的话题来让双方有一个共同基础，比如询问成长经历、父母职业、爱好兴趣等，在问题中寻求自己和对方的共同点。将自己的经历或者爱好，来配合学生的经历或者感兴趣的事情是谈话的一个技巧。在心理学上，这叫"亲和效应"。比如："我和你一样，从小就学习钢琴，你学习钢琴的过程是不是和我一样辛苦？""真的是很不舒服吧，当初我也遇到过同样的事情，我想知道你当时是怎么走过来的？"比如学生提到自己是家里的长女，如果恰好辅导员也是，那么就可以问：我也是家里的老大，我一直觉得老大在家里要承担更多的责任，所以会觉得很辛苦，你有没有这样的感觉？在这里，辅导员就和学生形成了共同基础，两人之间的谈话就可以继续下去。

技巧四：拓展法。很多时候，辅导员和学生谈话进展到一定程度的时候，会在原地打转无法深入。辅导员可以沿着话题展开谈话，可以使用"你具体说说，是什么事情？""能不能换一个比较容易理解的说法？""能否举一个具体的例子？"等类似的提问。比如辅导员问学生："你觉得你自己是一个什么性格的人？""你毕业后想做什么？"学生可能会一时回答不出来。但如果换个方法："你现在之所以选择这个专业，是因为什么原因或者是认识了什么人才会发生改变的？""作为一个舍长，你是怎么把宿舍变成五星级宿舍的？"那么学生多半会认真思考给出具体的内容。一般人都喜欢叙说自己戏剧性变化的事迹。一个人变化的瞬间是其人生的转折点，也会花费不少精力，所以针对这个提问，会收到很好的效果。比如"你一下子提高了十个名次，你是怎么做到的？""你有什么秘诀吗？"等。

第四个方法：切。谈心谈话的过程也是引导的过程。辅导员在谈话中要有稳定的心理状态和把控谈话局面的能力，要看到学生的心理和情绪变化，引导学生向上向善向好。在引导的过程中，辅导员要有耐心、有信心，不要让谈话陷入僵局，充分信任学生并给予机会，通过引导深入细致地做好学生的思想工作。精诚所至、金石为开。在引导的过程中，辅导员不要怕慢、不要怕浪费时间，要坚信有付出一定会有收获。

技巧一：推理式引导。当某些学生有一些不合理的结论或者绝对化的认知时，不要直接去反对，而是顺着学生的思路去了解真实想法，在适度尊重的前提下按照他们的逻辑进行循序渐进的推理，让学生自己意识到问题和错误。这样做符合人们接受意见的心理规律，更加容易被接受。类似的信念或者认知有："失去了这个女生，我这一生也不会找到更合适我的人了""如果我考研失败了，我的一生就完了""我要是创业一定可以成功"等。

案例：

> 一个学生执意退学创业，父母强烈反对，觉得积累一定的知识之后再去创业会更好一点，学生觉得父母不理解自己，和父母关系一度僵化。
>
> 辅导员：我听说你想创业啊，真是一个很好的想法。
>
> 学生：是的，老师，我很想做个大事，但是父母不同意。
>
> 辅导员：哦，父母不同意的原因是什么？
>
> 学生：他们觉得我太幼稚，而且他们觉得现在学习知识更重要。
>
> 辅导员：是吧，不过父母一般都会想得比较多，也是担心你。你想做什么项目啊？
>
> 学生：老师，我想做个科普视频，给孩子们看。现在儿童学习的市场潜力很大。
>
> 辅导员：这个想法很好，我也认识一个朋友，就是做这个的，我也了解一点。做这个需要一个很大的团队，比如得

有人懂科学，有人懂营销，有人懂视频制作，还得创意好，内容还要有意思，不然小孩子不爱看，家长也不掏钱啊。你打算投资多少？

学生：这个我还没仔细想过。如果我能说服我父母，估计能给我 10 万块钱。

辅导员：你的合伙人是谁啊？你想通过什么渠道推销你的产品啊？

学生：这个我也没有成熟的想法。

辅导员：那就先不说那些，我们回到产品最核心的东西上来，你这个产品独一无二的竞争力在哪里啊？

学生：应该是视频的科学性和趣味性相结合吧！

辅导员：这个想法非常好，我是孩子家长，如果有个课程完美地融合了这两个方面，我也会买的。但是你怎么保证科学性啊？

学生：我可以找个专家啊！

辅导员：从哪里找专家啊？专家的费用怎么支付啊？还有，你作为发起人，有没有相关的背景知识啊？

学生：有一点，我大一学过相关知识，但是不太精，都是浮于表面的。

辅导员：要保证趣味性，你研究过儿童心理学吗？小孩都喜欢什么内容你知道吗？

学生：这个也不太了解，不过我可以再请一个儿童专家……

（学生忽然沉默了一会儿）

学生：老师，是不是我的想法比较幼稚……

辅导员：你的想法不幼稚，这个创业的想法和你想到的痛点都很精准，确实是市场比较缺的，但是创业很不容易，需要大量的经验积累以及市场调研，我可以给你介绍几个创业的朋友，你先了解一下。

学生：谢谢老师。您还有什么好的建议吗？

辅导员：我建议你先好好学习，然后同时继续沿着你的兴趣积累认知，如果毕业后还是很坚定，那时候可以先去一个相关的公司工作一段时间，了解行情的同时积累一些工作经验和人脉资源，或许更好一点。

学生：明白了。谢谢老师。

想要说服一个学生，辅导员自己心态要好，要先成为学生的朋友，尽可能包容和理解所有潜在的结果，哪怕说服不成功也要尝试接受，然后努力储备典型案例和客观数据，最终用事实、数据和逻辑去引导学生，说服学生。

技巧二：潜诱式引导。有些学生出现问题，但不想让辅导员知道，这种情况可以先群体谈话再精准对接，做好铺垫引导学生正视问题。这种方法稍微复杂一点，但效果很好。

案例：

生活委员小美情绪低落，睡眠不好，她告诉心理委员自己得过抑郁症，同时嘱咐心理委员，不许告诉辅导员。辅导员跟家长了解情况，家长情绪激动，否认孩子有过抑郁症，并要求辅导员不许打扰小美，如果辅导员擅自和小美谈话出现任何问题，学校要承担责任。辅导员通过反复沟通晓以利害，在取得家长信任后，和小美进行谈话。

小美是生活委员，辅导员就和该专业所有的生活委员进行集体谈话，主题是如何改进学院的助困工作。在和四个学生的谈话过程中，辅导员有意识地把话题引到自己的大学时光，谈到自己在大学期间的困惑以及当时的心情，按照现在的说法，可能就是抑郁症。小美忽然发问：老师，你是怎么过来的？辅导员说：熬过来的。小美又问：难道熬就可以了吗？辅导员说：那个时候我们没有专业的心理咨询师，也不知道该求助什么人，只能熬。但是你们现在比我们当年要好多了，如果你们有问题，学校有专业的心理咨询中心是可以帮你们的。而且，我也可以帮你们，因为我是过来人。小美没有说话。辅导员又继续在后面的谈话中有意谈到抑郁、焦虑等情绪。最后辅导员觉得差不多了，就告诉所有的学生，因为时间的关系，今天的谈话就到这里了（这里可以根据具体情况提示有问题的同学可以留下来，或者找个理由主动留下学生再多说几句）。结果，小美主动留了下来，跟辅导员谈到自己的成长史。辅导员表示作为老师与母亲，希望可以帮助小美，也希望小美配合，并提到是否可以联系家长，大家一起努力面对。学生立刻打电话告诉父母自己就在老师办公室，辅导员需要面见家长。家长后来才知道小美已经面对过很多无助的时刻。后续的工作推进也非常顺利。

技巧三：逆向式引导。在实际工作中，辅导员会发现，不是所有的学生都适合用和风细雨润物细无声的谈话方法，有些学生可能用尽了所有的方法都无法解决问题，辅导员还可以尝试逆向式引导。工作中，很多人习惯按照业已形成的习惯去处理事情和解决问题，往往很难达到目标，如果换一个立场从相反的角度去处理，事情或许就会出现令人意外的转机。年轻学生内心深处都潜藏着逆反心理，老师告诉他"不准看"，他就偏偏要看；老师告诉他"不准做"，他就偏偏要做。辅导员可以利用这一点进行逆向式引导，值得注意的是，这个方法一定要建立在学生对辅导员足够信任的基础上，不然会适得其反。这种方法主要是用严格的方式进行最后的机会引导或者是对严重后果作说明。

案例：

　　学生小亮，原来在一个高校读书违纪后被开除，重新参加高考来到学校，但因为年龄偏大，总想挣钱，影响学习。结果在网络上被人骗去了很多钱，具体数目家长因为害怕学校知道而刻意隐瞒。在家长帮他还钱以后，学生依然不爱学习，甚至对父母产生了抵触情绪，不愿意和父母沟通，开始不接父母电话，不主动和父母联系。母亲无奈之下，选择来学校陪读，男生默默收拾东西跟母亲搬出学校，依然不和母亲沟通。母亲抱着一线希望来找辅导员。

谈话室里，小亮一直跷着二郎腿侧对着母亲。母亲一边哭一边讲述孩子的成长历程以及她在这个历程中的辛苦。男生冷冷地看着母亲说："除了会哭你会干嘛？"各种办法都不见效辅导员生气了，一拍桌子，说："你可以走了！可以自己申请退学，也可以等着学校按照规定开除你。你自己说妈妈身体不好，还有不到十年的寿命。看着妈妈为你操碎了心，陪着你，为你的不争气担心受累，眼泪流干，你说妈妈除了会哭还会干嘛，那除了冷漠你又会干嘛？……"在辅导员"骂"了学生一刻钟后，学生开始松开胳膊，放下二郎腿。辅导员看到了细微的转变，开始把问题抛给他："你还有什么想说的吗？"学生回答："对不起，老师，再给我一次机会吧"。最后小亮跟母亲走了，门口还搀扶了母亲一把。

后来，小亮母亲发短信说：老师，感谢您，感觉您把他骂醒了，后来我们娘俩在家里进行了坦诚的沟通，也各自反省，虽然孩子走了弯路，但是我相信在老师和家长的共同努力下，他能顺利毕业。

事情并不都是圆满的。这个学生学业欠账实在太多，最终没有如期毕业。但是他离开学校的时候发了一条短信：老师，就在你骂我那一次，我忽然就醒悟了，我在过去的时光里浪费了这么长的时间。虽然我醒悟得晚，但人生还长，我觉得来得及。

我们面对的学生是希望和未来，不是无可救药的坏人，所以通常这个方法会有效果，不过还是要强调两点：这不是优先选项，也需要在日常工作中学生对老师有很强的信任。

"运用之妙，存乎一心"，虽然我们也聊了不少的方法，但所有的这些都是实践中的总结与归纳，涉及到具体的辅导员和具体的学生，我们还是需要因事而化，因人而异，因地制宜。所有的谈心谈话，最终都是心与心的交流沟通，而沟通的基础是理解与信任。对于每个辅导员而言，切实提升谈心谈话能力，真正要解决的是认知，是要带着真心与激情去面对自己的职业，带着责任与使命去面对自己的学生。有了方向，有了方法，有了坚持，不会的可以学会，生涩的可以娴熟。

衷心祝福，在我们和学生的相遇和陪伴中，谈出一份美好，谈出一个未来。

第二项

管理修炼

高校辅导员工作繁琐，事无巨细，有人将这个群体比喻成保姆、救火队员、百变星君等，言语之间体现了工作内容的宽泛和工作角色的特殊。可以说，管理能力也是辅导员老师从合格走向优秀乃至卓越所必备的修炼。

谈到管理修炼，我们一起来聊聊：为什么要管？究竟要管些什么？又该怎么管？先简单说说动因和内容，后面重点结合我们工作中的 20 个常见案例来谈谈我们应该怎么管，又该管成什么样。

好了，言归正传。

一、管理，为何还要管？

高中的同学，被灌输过不少传言。

"上了大学，你们就自由了""上了大学，你们就舒服了""上了大学，爸妈就不管你了"……

传言当然只是传言，理想很丰满，现实很骨感。踏入大学校门伊始，无处不在的"辅导员"，便成功地在新生和家长中建立了一个崭新的认知："有问题，找辅导员"。

可是，学生基本都是成年人了，辅导员为什么还非要管着？其重要性和必要性又体现在哪里呢？

好问题。

其实管理无处不在，有人的地方就有秩序，就有规矩，就有礼仪，就有管理。

我们先看看下面这些熟悉的场景：

学生发生口角，进而导致肢体冲突。甲说，因为他先骂我的，所以我才动手，再说他也没受伤；乙说，虽然我骂了他，但打人就是不对，就是应该受处分。辅导员怎么裁量？

学生在网络上发表诽谤、诋毁同学的不当言论，事情发酵后不以为意。辅导员谈话介入前要了解这一行为的性质，怎么办？

学生考试夹带被发现，其辩解没有拿出来抄袭，辅导员怎么区分"违规"和"违纪"的不同？学生对处理结果有异议，辅导员又该如何明确告知学生依法享有的申诉权限、流程和时效？

很明显，辅导员要想做到"以德服人""以理服人"，做到管理有方、管理有度，必须得有"规矩"可依。

那么，大学里有哪些规矩？这些规矩谁来制定？谁来维护？

众所周知，"规矩"在现代语境中常被"章程""规则"或"规章制度"替代。高校里最为重要的"规矩"是"大学章程"，此外还有大量的"规章制度"约束管理教师、学生、行政人员的行为，规范引导党建、人事、教学、科研、招生、就业、国际合作等各项学校事务。

从高校辅导员的管理视角看，最为重要的"规矩"是教育部制定的《普通高等学校学生管理规定》，以及各学校在此基础上制定完善的一系列学生管理条款（或称《学生手册》）。毫无疑问，这小册子就是我们辅导员有效解决上述各类问题的"宝典"。

而对学生而言，因为有了《学生手册》，有了"规矩"，大学并不如传说中那般随性轻松。虽然远离了中学阶段的"集中式管理"模式——统一行动、统一目标、统一时间分配、统一座位划分，但大学里的"开放式管理"模式，其关键词依然是"管理"，依然需要在一整套规则的框架内"自由活动"。

辅导员的存在，重要的职责之一就是依规管理。就是要在规矩的框架下，确保学校教学活动的有序进行，让学生养成"规则意识"，让家长和社会放心。就是要遵循教育规律和学生成长成才规律，将管理与育人相结合，培养社会主义合格建设者和可靠接班人。

每一条理由都非常充分，每一点原因都极其重要。

当然，管理不是目的，而是一种手段。或者更准确地说，辅导员的管理从来不是目的，我们只是有目的地进行管理。

因此我们常讲管理要"到位不越位"，"到位"的背后是责任，"不越位"的背后是"自我管理、自我服务、自我教育、自我监督"。

因此我们常讲管理要"松手不放手"，"松手"的含义是自由，"不放手"的深意是"尊重生命、敬畏法律、遵守规则、底线思维"。

因此我们常讲管理要"信任不放任"，"信任"的注释是信心，"不放任"的注脚是"绝不迁就、绝不包庇、绝不纵容、绝不姑息"。

叶圣陶先生曾说，"教是为了达到不需要教"。同理，辅导员管理修炼的终极目的是"管是为了不管"，让学生在经历大学系统的管理熏陶后，能独立自主地参与社会生活，自觉自律地规范自身言行。

想想是不是这个道理？

二、管理，究竟管什么？

辅导员是同学们在大学生活中接触最多的人。他们时而像人生导师，时而像知心好友，时而像长辈父母，时而像护士保安，工作范围覆盖学生的一切、一切的学生。他们工作繁忙、责任重大、使命光荣，是维护校园安全稳定、助力学生成长成才的重要保障。

辅导员管什么？

严谨一点，根据《普通高等学校辅导员队伍建设规定》，辅导员的主要工作职责是：（1）思想理论教育和价值引领；（2）党团和班级建设；（3）学风建设；（4）学生日常事务管理；（5）心理健康教育与咨询工作；（6）网络思想政治教育；（7）校园危机事件应对；（8）职业规划与就业创业指导；（9）理论和实践研究。

通俗一点，结合工作实践，大概可以归纳为以下四大"管"、十二小"管"，即：管系统（管学生、管组织、管环境）、管重点（管目标、管困惑、管矛盾）、管过程（管初心、管执行、管风险）、管自我（管形象、管情绪、管成长）。

1. 管系统

管什么，得明晰管理对象。辅导员的管理对象不局限于学生个体，还应包括学生所在的组织以及学生所处的环境等一切与学生发展相关的要素。因而辅导员管的不是一个点、一个面，而是一个系统。

学生是系统的根基。辅导员得管思想教育，做学生价值引领的导航者。辅导员工作的重中之重就是学生的思想价值引领，要帮助学生在政治上筑牢坚定之"心"，以爱国主义教育为重点，使其拥有清醒的头脑和坚定的政治立场；在思想上挖掘进取之"心"，引导学生树立正确的世界观、人生观、价值观；在文化上培育自信之"心"，帮助学生建立文化认同，坚定"四个自信"。辅导员得管学风学纪，做学生学涯道路的指导者。学业是学生的主业，学业指导与帮扶也是辅导员工作的重点内容，包括：新生适应、学业分析、课堂考勤、职业规划、竞赛组织、讲座策划、学业预警、学业帮扶等。辅导员得管安全教育，做学生日常生活的守护者。学生的安全（人身安全、财产安全和心理安全）是辅导员管理工作中最基础也是最重要的内容之一，包括：宿舍安全管理、外出请假管理、校园诈骗提醒、新生心理普查、心理困难学生帮扶、突发事件处理等。

组织是系统的框架。学生组织是学生展现自我的舞台，是学生能力提升的梯台，是学生参与公共生活的平台。目前国内各高校的学生组织大体有学生党支部、学院分团委、学生会、志愿者协会、新媒体中心、心理健康中心、社团、班级、团支部等，对应学生思想、学习、生活、心理等各方面。没有离开学生的组织，也没有离开组织的学生，因而组织管理也是辅导员管理的重要内容。那如何管好组织呢？组织管理，制度为先。一个组织正常运行、行使职能需有明确的制度，包括：组织架构、例会制度、人员分工、反馈机制、评价机制等。辅导员要根据学生组织类型，制定合宜的制度，根据工作要求与形势变化进行组织优化与整合。组织管理，人才为本。人是一切组织的核心，辅导员要任人唯才，选拔德才兼备的学生干部到相应岗位；要注重学生干部的培养，通过培训班、专题讲座、素质拓展等多种方式，提升学生干部的领导力、表达能力、沟通协调能力。

环境是系统的生态。为学生构建良好的环境，需要充分挖掘校园各个空间的育人要素，包括宿舍空间、生活空间、课堂空间、实践空间、网络空间等，实现服务育人、文化育人、课程育人、实践育人、网络育人。辅导员要进宿舍、进课堂，实地了解学生学习、生活状态，解决学生学习生活中的合理诉求；辅导员要对校园文化活动进行设计、把关、引导，结合专业特色，用专业思维组织策划活动；辅导员要利用好网络这块思政教育的新阵地，通过公众号、微信、QQ、微博、短视频平台等载体，做好学生的"云引领"。为学生构建良好的环境，还需要充分挖掘各个层面的育人要素，包括学校层面、家庭层面、社会层面、学生层面。辅导员要联动学生家长、专业教师、行业专家、毕业校友、教务员、班主任、学生干部、党员骨干等多重力量，着力提升他们参与思政工作的积极性，拓宽思政工作的广度，构建全员育人的大思政格局。

2.管重点

管什么，得突出管理重点。辅导员事务繁忙，条块众多，常常有时间不够用的感觉。一个人的精力毕竟是有限的，而陪伴学生的时光往往只有三四年，辅导员在管理时，要分清主次、轻重缓急，不迷失在日常的事务性工作中，围绕学生发展目标、学生成长困惑、学生突发矛盾等重点领域着力攻关。

管目标需要尊重学生的个性。每个学生都有其独特的成长环境、个性特征、智能发展。我们成长过程中最怕听到的就是"别人家的小孩"怎样，抛开了成长经历与个性特点的比较通常只能带来伤害。辅导员要尊重学生的个性，因地制宜地进行引导，在学生现有个性的基础上因材施教，促进其综合能力、道德品质、情感意志等全面和谐发展，最终助力其成长成才。在为学生制定个人目标时，要充分考虑他的实际状况，准确了解其思想动态和性格特点，为其制定切实可行的目标，保证思想政治教育工作的有效实施。认识自我是发展自我的前提，辅导员需要帮助学生去认知自我，了解自己的长处和短处，了解自己真正的兴趣爱好，帮助学生树立正确的目标，制定适合自己的人生规划。

管困惑需要解答学生的疑虑。师者，所以传道授业解惑也。学生成长过程中会有各种各样的疑惑，主要表现为思想上的和心理上的，辅导员要做学生的引路人，为他们照亮前行的路，点亮理想的灯。辅导员首先要为学生解思想之惑，高校是意识形态工作的前沿阵地，辅导员要通过理论宣讲、主题班会、仪式活动等引导学生树立"四个正确认识"，激励学生自觉把个人的理想追求融入国家和民族的事业中，在实现中国梦的生动实践中放飞青春梦想。辅导员还要为学生解心理之惑，大学是学生自我快速成长的时期，新自我与旧自我的不协调、现实与理想的背离、父母与自己的争执都容易让学生产生心理上的不适应感。若不及时疏解劝导，就可能发展为心理疾病，甚至是危机事件。辅导员要通过谈心谈话、事例分析、团体辅导等方式帮助学生树立良好的心态，适应大学的环境，正确看待挫折与成败。

管矛盾需要协调学生的冲突。有人的地方就有冲突，而解决冲突是一个管理者不可或缺的能力。学生处于青春期的心理特点，人际的处理、资源的调配、竞争的关系，都是学生间易产生冲突的重要原因。具体来说，学生间的矛盾主要聚焦在人际交往矛盾、评奖评优矛盾两个方面，而每一次矛盾冲突也都是辅导员育人的契机和学生成长的契机。管理矛盾，需要辅导员秉持公正客观的态度，公平对待矛盾双方，不偏心、不搞小团体；管理矛盾，需要辅导员全面了解事情的来龙去脉，理清矛盾发生的原因，不偏听、不做主观判断；管理矛盾，需要辅导员采用正确的方式方法，既坚持原则，又换位思考，多一些理解包容；管理矛盾，需要辅导员具有总结归纳的能力，既解决现实的矛盾，又防止以后发生类似矛盾；管理矛盾，需要辅导员坚持辩证的眼光看问题，既看到学生当下的不足，更关注学生未来提高发展的可能。

3.管过程

管什么，得注重管理过程。过程控制是管理中的重要环节，是管理效果的重要保障。过程管理，需要管初心，把握方向；过程管理，需要管执行，提质增效；过程管理，需要管风险，提前研判。

管初心是过程管理的根本。高校辅导员对学生的管理工作，虽然与企事业单位人员管理有一致性，但又有着本质的区别，主要体现在管理的初心与目标不同。企事业单位的人员管理最终是为单位服务，目的是实现经济效益或者其他效益的最大化。[①] 而辅导员对学生的管理则不同，学生管理的初心与最终目标是育人，是通过管理达到规范学生言行、培养学生品格、提高学生素养的目的，最终将学生培养成社会主义事业的合格建设者和可靠接班人，实现每个学生的自由而全面的发展。[②] 管初心要求辅导员时刻牢记立德树人的根本任务，通过思想引领、实践引领，当好"四个引路人"、争做"四有好老师"，为党育人、为国育才；管初心需要辅导员俯下身子扎根到学生中去，了

---

① 陈勇：《高校辅导员工作中的管理学原理及其管理特点》，《太原大学学报》2013年第 3 期。
② 王磊：《试论班级教育管理的一般特点》，《教学与管理》2004 年第 24 期。

解学生所思所想，解答学生所疑所惑，成为学生愿意敞开心扉、真诚交流的知心人；管初心需要辅导员永葆职业热情，真情投入、真挚付出，用爱心、责任心去对待每一位学生，以情感人、以情动人，用自己的正能量感染身边的学生。

管执行是过程管理的保障。管执行需要辅导员精细化工作流程。"天下大事必作于细，天下难事必作于易"，细节是决定成败的关键。在实际工作中，部分辅导员会出现工作部署给学生干部后自己很少过问的情况，容易造成工作漏洞。执行过程中，辅导员需要把控流程、注意留痕、定期追踪，及时查漏补缺，以免造成不可挽回的损失。管执行需要辅导员精细化工作内容。辅导员的工作内容涉及方方面面，经常出现多个部门指令、多条任务叠加，执行过程中需要细化每一个工作模块，了解每个工作模块的不同要求、不同流程；要对工作内容进行拆解，制定长远计划和短期计划，实现工作内容的落地。管执行需要辅导员将工作对象精细化。辅导员要细化整理学生的各方面情况，包括学习生活、行为规范、思想道德、心理状态等，要关注到学生的每个细节，让学生感到温暖，产生归属感。

管风险是过程管理的阀门。风险代表着一种不确定性及其可能产生的后果，风险管理包括风险识别、风险评估、风险控制。辅导员在工作过程中要进行风险识别，对一些苗头性的东西，要见微知著，提前介入，掌握主动权，避免出现"大"的问题；辅导员在工作过程中需要进行风险评估，研判可能出现的局面及破坏力，保持警惕，避免盲目乐观；辅导员在工作过程中还需要进行风险控制，采取各种措施和方法消灭或者减少风险事件发生的可能性，防止产生巨大的善后成本。例如学习问题和心理问题是高校突发危机事件中的两个重要源头，辅导员需要对学业有困难的学生提前预警，联系学生家长、专业老师、班级优秀同学，帮助其一起渡过难关，避免造成毕业困难。对于心理出现异常的同学，辅导员要及时开导，必要时第一时间联系学校心理健康教育部门，进行咨询与转介。

4. 管自我

管什么，得涵盖管理自我。辅导员作为大学校园中学生最亲近的人，一言一行、一举一动都会对学生起着潜移默化的教育作用，因而管理自我也是辅导员管理的重要范畴。辅导员的自我管理至少包括自我形象管理、自我情绪管理、自我成长管理三个方面。

辅导员需要有管理形象的意识。正所谓：你的能力藏在你的"颜值"里。这里的"颜值"并不是指长相，而是一个人由内而外散发出来的气质、神态、精神面貌等。管理形象需要辅导员找到适合自己的风格。每个辅导员的外形特征、人生经历、个性特点都不一样，因而没有一个统一的画像可供辅导员们临摹，无论是刚性的、柔性的、知性的，找到适合你自己的那一款就好。管理形象需要辅导员提升自己的亲和力。提升思想政治教育工作的亲和力和针对性非常重要，因而亲和力是辅导员形象中不可或缺的一部分，辅导员要转变高高在上的教育者形象，在平等与理解的前提下与学生建立良好互动，用心聆听、用情感悟。管理形象还需要辅导员提升自己的领导力。作为学生成长路上的引路人，辅导员的领导力直接影响工作效率的高低和工作效果的好坏。辅导员要明是非、知对错，既和气可亲，又坚持原则，通过领导力提升自己在学生心中的影响力。

辅导员要有管理情绪的能力。辅导员的工作强度大，可以说是"5+2""白 + 黑"。而除了工作角色以外，辅导员还有家庭角色，在种种压力下，不免产生烦躁、倦怠的情绪，而情绪的好坏影响着工作的效率和质量。作为每天与学生密切接触的人，如何管理情绪是辅导员自我管理的重要内容。管理情绪需要辅导员正确认识自己的工作。根据认知心理学，影响我们情绪的不是事件本身，而是我们对事件的看法。辅导员的工作具有特殊性，选择辅导员这个光荣的职业作为自己的人生事业，就意味着要热爱教育事业、要有奉献敬业精神。管理情绪需要辅导员合理规划自己的时间。除了一些突发性事件，学生工作一般有比较固定的时间节点，辅导员要注意合理调配时间，统筹轻重缓急，提高工作效率，避免工作扎堆一团乱麻。管理情绪还需要辅导员积极联动身边的资源。辅导员作为学校系统中的一员，要充分发挥同事、领导、学生各方面资源，形成育人合力共同解决工作中的痛点、难点，减轻独自承担的无助感和心理压力。

辅导员要有管理成长的决心。工作几年下来，多数辅导员都能熟悉、做好日常的事务工作，而职业素养、理论水平、研究能力成为很多辅导员的短板与苦恼，不仅制约着辅导员个人的发展，更影响立德树人任务的落实。管理成长需要辅导员主动学习，从宏观上了解思想政治教育原则和方法，了解国际国内形势与政策，了解大学生群体特点与特征；从微观上掌握谈心谈话的方法技巧、突发事件的处理流程、学生活动的载体步骤。管理成长需要辅导员知行合一，主动把学习到的知识、方法运用到学生管理的过程中来，用党的创新理论坚定学生的理想信念，用心理健康知识消除学生的心理雾霾，用职业生涯规划理论扫除学生的发展迷惘，用网络媒介能力净化学生的网络家园。管理成长需要辅导员主动思考，主动思考工作的思路方法，创新活动的载体、丰富活动形式，主动思考实际工作中所蕴含的理论知识，从实践案例中发现问题，并通过分析、归纳、总结，最终形成理论成果。

大道至简，知易行难；知行合一，始得功成。

三、管理，应该怎么管？

说到辅导员怎么管，就要谈一谈辅导员的管理思维。

何为"管理思维"？

从学理概念看，管理思维是社会组织的管理者为实现本组织的既定目标，在对其管辖范围内的人、财、物进行计划、组织、协调、控制过程中的心理智能活动。简言之，管理思维就是指向管理行为或与管理行为相伴而生的思考活动，亦即管理者在履行各项管理职能过程中的思考活动。[①]对作为管理者的辅导员来说，具备什么样的管理思维，直接影响其教育管理活动采取的方式与方法以及达成的效果与目标。

辅导员的管理思维，至少应包括事（管理内容）、人（管理对象）、时（管理时效）、法（管理方法）、效（管理效果）等五个不同维度。讲好"五维"故事，就大致能还原出辅导员到底应该怎么管。

此外，辅导员的管理思维也是一种辩证思维。围绕以上五个维度，本章梳理出 20 组比较有代表性的辩证管理思维，用以呈现辅导员处理管理问题所需要遵循的规律和可采用的技巧。

下面通过以案说理，逐一阐释。需要说明的是，每个案例实际反映出的问题点不止一个方面，我们仅就对应的其中一点启示展开阐述。

1. 事：管理内容

（1）虚与实

小李在高考中以高分被录取至学校，作为大城市长大的孩子，小李自视甚高，不太看得起农村来的孩子，和同学们之间接触的比较少。第一学年末她的学习成绩不错，但是

---

① 王续琨、刘世玉：《管理思维与管理思维学》，《大连理工大学学报（社会科学版）》2002 年第 12 期。

因为与同学关系不好，也不热心班级事务，未能评上三好学生。小李因此变得情绪低落、无心学习，人际关系越来越紧张，还整夜失眠有了厌学的想法。

解决思想问题要与解决实际问题相结合，因为思想问题的背后通常都有现实成因。如果只讲大道理，不解决实际问题，思想政治教育和日常管理工作就成了两张皮、平行线。所以，辅导员在工作实践中要把解决学生的思想问题与解决实际问题结合起来，做到"虚实结合""有的放矢"。

本案例中，小李对农村同学的轻视、对集体事务的漠视是其思想层面问题，未能评上三好学生、成绩下降、人际关系紧张、失眠厌学是其现实层面的问题，两者存在着因果关系。辅导员在处理应对时，要从思想根源上纠正小李脑海中的"有色眼镜"和"利己思想"，更要从现实层面帮助她学会人际交往、融入集体生活、掌握学习方法，并且进行合理的心理调适。

辅导员在日常学生管理工作中需要正视而不是回避学生当前关心的具体问题和面临的实际困难。要把解决实际问题作为解决思想问题的重要条件和基础。许多思想问题的产生，是由于学生不能正确地对待客观存在的实际问题。在许多情况下，如果辅导员解决了学生的实际问题，思想问题也就能迎刃而解。同时也应该清醒地认识到，思想政治工作要靠"说"，也要靠"做"，两者相结合才能更有力量。"做"就是解决实际问题，就是用事实说话，用行动做思想政治工作。只讲空话，不办实事，只接天线，不接地气，这样的思想政治工作不但难以收到好的效果，而且还会引发学生的反感。

（2）内与外

> 暑假期间，某晚辅导员突然接到一个学生电话，说他们的暑期社会实践小分队在外地开展活动，因为当天自己过生日，和团队几个同学在外面的餐馆吃饭喝了很多酒，打电话来是希望老师能祝自己生日快乐，也希望老师能来看望他们的小分队。从电话里你发现学生情绪亢奋，已经有明显醉意。

"内与外"的管理思维，首先意指辅导员的管理边界应该至少包括校内与校外、课内与课外、学期内与学期外三个维度。

面对此案例时，辅导员应当立即注意到学生在校外可能会面临的人身安全问题与学生现在的情绪状态。校外的风险程度远远高于校内，并且是在假期、外地、学生有醉意的叠加情况下。课外、校外、学期外（尤其是后两者）常常成为辅导员管理工作的盲区，此案例中的学生由于过生日而外出饮酒，在这种情况下，辅导员应立即做出反应，询问在场的其他同学，与神志清醒的同学沟通在场人数与醉酒同学数量，根据现场情况合理安排同学，及早由神志清醒的同学将其他同学带回。因学生身在外地，时值假期，辅导员鞭长莫及，只能先确保局面稳定和学生安全，在后续管理活动中举一反三，完善暑期学生实践活动的安全管理教育。

"内与外"的管理思维，除了以上三个维度，还包括学生的心理健康状态与外在情绪展示。内在的东西要把握，外在的动态要捕捉，辅导员应准确把握内外结合的学生工作方式。

在平时的管理活动中，许多学生的问题不仅体现在课堂上、校园中，其朋友圈动态、校外娱乐生活、假期实践活动、家庭成员情况，都从侧面反映出学生近期的情绪和心理变化。辅导员要积极整合内外资源与信源，合理研判，形成育人合力，为学生营造一个健康积极的学习生活氛围。

（3）上与下

　　疫情期间，学生小徐在学校有明确规定不允许私自返校的情况下，欺骗家长和辅导员偷偷翻栏杆进校，回到学校去拿自己的就业推荐表，并在每日打卡报告中虚假定位，辅导员在对其进行批评和处理时，小徐仍认为学校规定不太合理。

辅导员熟知一个词叫"上传下达"，因为我们是学生与学校、学生与社会、学生与国家之间的桥梁纽带。疫情期间学校规定不能私自返校是基于公共卫生安全的考虑，一旦学校里有风险，后果不堪设想。辅导员应对学生进行有关疫情防控的安全教育，使学生认识到学校做出这一管理规定的目的，理解学校设置的管控措施，提高学生的配合度。

此案例中小徐想要拿到自己的就业推荐表，在没有经过老师同意的情况下私自返校，理应进行批评教育乃至接受处理。但针对小徐因就业所需而产生的现实诉求，辅导员也应该进行管理反思，为避免此类事件再度发生，可以向学校反映这一问题，设立毕业生返校的流程和条件，或者由辅导员代为寄送。

辅导员是学生思想的引领者，也是学生诉求的倾听者。党的创新理论、政府工作报告、学校办学理念、日常管理规定，辅导员都应当及时传达给学生学习领会，同时对于学生间的合理诉求，辅导员也应该及时向上级反映。辅导员起好桥梁作用，连接好"上"与"下"，上传下达、下情上传，"小我"才能更好地融入"大我"。

（4）对与错

大三学生小张，家境殷实，去年过20周岁生日时，身为企业家的父亲买了一辆法拉利跑车作为生日礼物送给了小张。周末时小张会开车往返学校与家中，一些同学很羡慕"含着金钥匙出生"的小张，也有一些同学觉得小张开豪车上学太张扬。前段时间，班里的一位贫困生同学家里遭遇洪灾，雪上加霜，辅导员号召同学们为该同学捐款，小张捐了200元。班长找到辅导员老师，认为小张那么有钱，应该出力更多，建议老师找小张再谈一谈。

从案例中来看，小张的跑车来源正当，驾驶行为合理合法，面对陷入困难的同学也及时伸出了援手。在爱心表达这件事情上，重在有无，"丰俭由人"，又不是量化称重，还必须得你3斤，我4两。能力越大、责任越大，这可以是社会的期许，但并不是自我选择的必需，实际处理时，我们是否会把握好工作的尺度？由此想到，个别辅导员老师在管理活动中喜欢给学生"扣帽子"，错误定性学生行为，引发学生反感，造成师生嫌隙，实在是得不偿失。

辅导员在管理活动中要避免绝对化的"对错思维"，学会区分"应当、正当、不当"三者的区别，通过教育管理活动，引导学生不做错事，多做好事，并尊重学生所做的"正当合理的事"。

2. 人：管理对象

（1）群与己

随着大类招生、弹性学分制、学生自主选课等制度的推行，学生大一后重新分班，再次面临与班级同学的熟悉过程；而且因学生选课时间不同，出现了同课不同班、同班不同课的情况。平时要找一个统一的时间开班会都非常困难，班级建设难度加大，班级管理困难，活动组织不方便，班级凝聚力不强。

"群"是群体，"己"是个人，"群己权界"就是群体与个人的界线。

回归到本案例，辅导员在管理活动中应该具备群己思维，通过管理活动和手段引导同学正确认识这一辩证关系，在面对集体生活与个人生活的冲突时，学生才能够通过沟通与协调达成平衡。

因为未来志向、人生规划的差别，大学生有了更多样的奋斗目标，也因此有别于全班一致备战高考的高中班级。因为这种差异性，也就容易出现学生感叹大学班级凝聚力不如高中班级的情况。因此学院需要在日常管理中开展各类集体活动，加强学生的集体凝聚力。

但是与此同时，另一种阻力又出现了。无论是生活还是社会实践，方方面面的差异化选择让同学们在集体活动的举办上容易产生一些分歧。如举办集体活动的时间众口难调不好统一等。这是集体与个人冲突的常见情况，学生们渴望集体，但个人的规划又让他们难以参与集体活动、融入集体。所以辅导员在新生入学后就应当推动同学们认识个人生活与集体生活的辩证关系，集体生活与个人生活都是大学生活的必要组成部分，正常的大学生活不可能放弃任何一边。

（2）点与面

大一新生小A入学初向学校递交了家庭困难情况调查表，显示父母均务农且身体欠佳，家庭年均收入很低。他跟辅导员表示不想申请国家助学贷款，觉得借钱是一件不光彩的事情。学校为他提供了食堂后厨清洁员的勤工助学岗位，他找到辅导员，认为做清洁员很没有面子，希望能够把他调换到图书馆阅览室值班员的岗位，这样也能有更多的时间用来学习。

"扶贫先扶志，治穷先治愚""教育是阻断贫困代际传递的治本之策"……但"治本"的最后一公里，辅导员需要点面结合，"一个都不能少"。

面对此案例时，辅导员会注意到学生身上存在的问题，试图帮助他树立正确的思想认知，培养自立自强、感恩知恩的良好品质。但学生所表现出的对贫困身份和劳动岗位认识偏差问题是由"助学贷款""勤工助学"引发的，辅导员在处理问题时应当意识到，这位同学的"面子"问题不只是个人的问题，而可能是群体性的心理现象，只是在这位同学身上表现得格外明显。

辅导员在管理实践中应当具备点面思维，由学生个体发生的具体问题研判整（群）体发生的可能性，意识到潜在的问题群体与风险，并通过各方面手段做好预防措施，帮助矫正学生的普遍想法，解决群体的潜在风险。

（3）优与劣

班长小王学习成绩优秀，工作认真负责，性格风风火火，是辅导员的得力助手，深得老师信任。同班同学小李成绩较差，但性格耿直，喜欢仗义执言，是同学中的"意见领袖"。一天，小李在朋友圈"炮轰"班里某些学生干部仗着老师的信任，"狐假虎威""拿鸡毛当令箭"，班里不少同学留言点赞。班长小王找到辅导员哭诉，觉得小李是在针对自己，非常委屈。

什么是好，什么是坏？好与坏的判断标准到底是什么？

通常，我们判断好坏的标准大致来自于两方面：一是家庭和学校教育，分数高是好的，听话是好的，有礼貌是好的，认真听课是好的；二是人群共识和利弊体验，对自己有利的东西就认为是好的，反之就是坏的。

因此，久而久之我们会形成本能判断，但由此也会带来新的问题：比如离开熟悉的领域，具体到陌生的人和事，我们就容易产生判断困惑；比如不断进行判断积累后，我们可能会产生一些认知冲突和矛盾。

具体到辅导员工作，新上岗老师对学生"好"与"坏"的判断，就是要克服的第一道难题。在管理实践中，辅导员常常会遇到"二八现象"，即在学生干部、学霸群体和学困生、问题学生群体这两成学生身上花费八成的管理精力。由此带来两层思考：首先，学生骨干和问题学生身上的"优秀"与"拙劣"是不是绝对存在？其次，这对其他八成学生是否公平？

本案例中，班长小王虽然优秀，但可能存在工作方式、方法、态度等方面的潜在问题；小李虽然成绩较差，但其个性特点深得同学们认可。这都在提醒辅导员及时反思，在管理活动中，既要注重发现"优秀"中隐藏的潜在"问题"，更要注重挖掘"拙劣"中暗存的"优秀"品质，见微知著、拿出实招，从而取长补短、扬长避短，实现差异化的教育管理。

此外，个性鲜明的群体能获得辅导员的更多关注，而"标签"特征不明显的八成学生，却可能因为不善沟通表达，但也没有挂科犯错等严重问题，也容易让我们疏于管理交流。因此，辅导员在管理活动中要具备辩证性的优劣思维，更要具备发现普通学生优点的"慧眼"，避免"二八现象",实现精力和情感的均衡投入。

（4）你与我

> 班长小丁是一名淳朴的农村姑娘,虽然家境一般,但学习认真刻苦,工作勤勤恳恳,深得辅导员老师的信任和喜爱。老师在日常工作中,除了帮助小丁争取奖助学金,安排勤工助学岗位,也常常在生活中对她嘘寒问暖。一天,小丁鼓起勇气向自己的辅导员老师表白,说从来没有一个异性对自己这么好过。与此同时,同学间也开始流传风言风语,说小丁能得到那么多的贫困补助,就是因为她和男辅导员老师的关系"不一般"。

毫无疑问,辅导员应当努力成为学生成长成才的人生导师和健康生活的知心朋友。因为大学生管理工作的特殊性,辅导员与学生干部会有较多接触,这种接触不同于高中的师生关系。大学的师生接触不仅在学业上,也落在工作生活中。亦师亦友的关系能够搭建教师与学生沟通的有效渠道,与学生产生互信关系。

实际上,不仅是学生干部,辅导员应该在日常管理中关心关注每一位同学,用朋友之心行师生之实。但朋友身份之余,辅导员与学生有着明确的管理从属关系。如果模糊了师生的界限,就会产生很多管理上的问题。

上述案例中,辅导员对班长小丁的关心既是出于公心,也是对小丁作为学生骨干勤勉工作的有力反馈,但可能在相处模式和边界上给小丁造成了某种错觉。无论辅导员老师是否未婚，师德师风的底线和红线必须遵守。

此外，师生关系的边界除了不可逾越的"红线"，也有暗藏风险的"黄线"。尤其当涉及到评优评奖时，如果辅导员处理不当，也会产生一系列影响不好的议论。即使辅导员并无违规操作，学生不满的议论也会对后续评优评奖等管理工作的正常展开产生影响，非议本身也难以澄清。因此辅导员应当防患于未然，在与学生的相处中时刻清晰地意识到两人的师生之别，不是要摆架子，而是为了在后续的管理工作中真正得到同学们的信任，推进工作顺利展开。因此我们应当在工作交往中明晰"你与我"的管理思维，既要关心学生，也要保持合理距离，遵守师德师风。

3. 时：管理时效

（1）近与远

大二学生小王，利用暑假做兼职，在看到网上的兼职刷客招聘信息后，主动与其所留的 QQ 号码联系，与卖家之间达成协议，通过虚假交易，帮助卖家提高信誉度和表面销量。为此，小王一次性交了 5000 元保障金。但是将钱汇到了对方银行卡上后，对方音讯全无。小王怀疑自己被骗了，自己下半学期的生活费没有了，情绪激动，找到辅导员。

小王同学，不用怀疑，你确实被骗了。

可怜的辅导员，只能收起"又爱又恨"的表情包，批评小王的不当行为之余，打起精神帮助小王挽回损失。

除此之外，还要操心小王"下半学期"的生活费来源，乃至更为长久地关注小王的学习生活和行为状态。

近视和远视是两种不同的屈光状态，不可能同时在一个人身上发生。但无所不能的辅导员，真得同时具备"近视"和"远视"能力，即学生管理中的"远近思维"。

这里的"近"指当下，事情发生时辅导员要控制局面，稳定事态发展，尽快给出处理办法；"远"是后续，事情解决后作出反思总结并持续关注，尽量避免类似事件发生在其他同学身上。小王首先有不诚信行为，而后没有认识到网络具有虚拟性，信息良莠不齐。辅导员要教育小王学会利用网络的长处，规避网络的危害。事情解决后也不能就这么不了了之，后续跟进才是重中之重，处理不当类似问题甚至可能再次重演。

学生在学校遇到了问题首先会向老师求助，辅导员的角色对于学生来说应该是亦师亦友。问题发生后及时有效地帮助学生解决，才能真正给予学生"安全感"，这是当务之急；事情解决后能够持续跟踪，确保这件事情完全结束，并给问题学生以思想上的批评和引导，给其他同学警醒，杜绝类似事件再次发生，这才是长远之计。

（2）先与后

小陈同学的家在偏远农村，父母都是农民，家里还有个正在读高三的弟弟，自己考上大学后依靠申请贷款和助学金维持求学生活。前几天小陈接到家里的电话，说父亲不慎摔伤了腿，需要钱做手术，还需要很长时间恢复。得到消息的小陈坐立不安，上课总是走神。有同学向辅导员反映小陈在四处找人借钱，晚上也回来很迟，好像还在网上向人贷款。

看完这个案例，辅导员在心疼小陈之余，也要为他的行为捏一把汗。

所谓雪上加霜，大概率就是小陈同学的后续走向。所以我们要反思的是，如何在"雪"来之前帮助小陈抵御寒潮。

辅导员管理活动中的"先后思维"，"先"指预警，"后"指应激，包含两层含义。一是在完善突发事件应急应对机制基础上，更需注重在管理活动中强化预警思维，防患于未然，某种程度上"未雨绸缪"更具价值；二是要将"应激"素材转变为"预警"工具，让发生在个别学生身上的事件不在其他同学身上重现。

通俗地讲，辅导员在日常管理活动中，要向学生强调基本规章制度，给学生画出"警戒线"。此外，在突发事件发生后快速依法依规处理，提升工作效率，保障学生合法权益。

在上述案例处理过程中，辅导员应及时向学院党委、学生处汇报，争取其他帮扶举措，并在后续工作中及时关注小陈同学的学习、生活状况，做好常态持续帮扶。更为重要的是，全面摸排有无其他同学深陷"校园贷"陷阱，并将排查情况向学院和学校相关部门反馈。

同时要密切关注网络借贷业务在校园内的拓展情况，建立校园不良网络借贷实时预警机制和应对处置机制，保护学生合法权益。通过主题班会、新媒体平台等渠道向学生宣传校园贷款的危害，针对重点人群、重要时间节点开展金融、网络安全风险宣讲活动，增强学生金融和网络安全风险的防范意识。

（3）头与尾

小王，大一女生，家住北方某市，高中成绩优异，意外疾病导致高考失利，进入某南方高校很不如意，不喜欢目前调剂后的专业。来到陌生的城市，生活习惯差距较大，看到其他同学结伴同行，内心很孤独，感到很不适应，非常想家，常常以泪洗面。觉得大学生活很迷茫，无心上课学习，也不愿意参加学校活动，因生活琐事与舍友关系紧张，找到辅导员要换宿舍。

大四学生小陈，大三下学期决定考研，大四上学期开始准备考研，认真复习，但由于志愿报得过高导致考研落榜。他由考研转入求职，但此时已错过了就业高峰期。面临着考研落榜、就业困难的压力，该生陷入了痛苦。小陈性格内向，大学四年成绩平平，从未担任过学生干部，也很少参加社团和班级活动，人际关系一般，是人称的"宅男"，他对就业没有信心。

每次带新生年级，辅导员的心情往往都很复杂，喜忧参半。喜的是又有这么多学生走入你的人生，成为你的学生；忧的是大学新生所暴露出的适应性问题极为普遍，需要花更大气力引导纠正。

等到了毕业班，原以为可以挥一挥手温情告别，结果毕业出路、毕业考核、情感纠葛……新问题层出不穷。

转念一想，倒也正常，学生要是都没问题，还要我们辅导员干嘛？

新生入学阶段和毕业求职阶段是辅导员学生工作的一"头"一"尾"，都是转变的节点。大学新生初入学，出现不适应的情况是很正常的，辅导员需要尽早尽快了解学生情况，通过各种方法使大学新生适应大学的学习方式和生活习惯，尽快实现角色转换并缩短大学生活的适应期。

毕业生的重点是就业，辅导员要配合就业部门营造全面发展的就业环境，让毕业生能够学习到更多的求职知识和技能。对于考研落榜、求职受挫等特殊学生群体，要有针对性帮扶措施，及时了解他们的心理动态与现实诉求，重点推荐，持续帮扶。

辅导员管理活动的重点是围绕学生、关照学生、服务学生，辅导员在日常工作中除了重视新生与毕业生这一"头"一"尾"，也需要重视每学期开学初与放假前这一组"头尾"时段。通过年级大会、主题班会、分类座谈等方式，辅导员要抓好开局，明确每个学年（期）的不同特征与任务目标；也要保好结尾，确保期末考试平稳顺利，也让学生明晰假期任务目标。

在管理节点的选择和精力投入上，辅导员不应该"掐头去尾"，而应该要有"虎头豹尾"。

（4）快与慢

> 大二学生小侯是建档立卡贫困家庭学生，经济拮据。某天，小侯的几位舍友急冲冲地来到辅导员办公室，声称其中一位同学前段时间放在宿舍抽屉里的2000元现金不翼而飞。她们怀疑是小侯干的，因为她最缺钱，更为可疑的是小侯前段时间刚买了一台电脑。第二天，辅导员对小侯进行了旁敲侧击式的询问，小侯矢口否认。今天中午舍友回到宿舍，发现小侯留了一张纸条在宿舍，要以死自证清白，现在下落不明。

诺贝尔经济学奖获得者、普林斯顿大学荣誉教授丹尼尔·卡尼曼所著的《思考，快与慢》一书，阐述了人们常见的两种思维方式。一是凭经验和直觉去思考问题，"所见即所得"，谓之快思考；二是组织更多的信息、数据进行综合分析，进行理性思考并得出结论，谓之慢思考。

辅导员管理活动中的思维方式大抵也是这两种，但在不同的逻辑场景中有不同的节奏取舍。归纳起来有两种理想化的管理节奏，一是快慢结合，二是以慢制快。

所谓快慢结合，就是当出现学生突发事件时，尤其当学生的人身安全、生命健康受到威胁时，一定要秉持"生命第一""速度第一"

的原则，快速处理应对，挽救生命，稳住局面。等危机过去后，再缜密调查，形成逻辑、证据闭环，拿出有说服力的处理意见。

所谓以慢制快，意指辅导员在工作中要避免"经验主义"陷阱，受主观感受干扰，先入为主，丧失客观。要慢下、慎下结论，用数据、证据、事实说话。

对比以上两点，上述案例中的辅导员在事件处理中暴露出多个问题，其判断与选择甚至可能造成不可挽回的后果，值得警惕深思。

学生工作无小事，快慢结合，才能张弛有度。

4.法：管理方法

（1）堵与疏

一场讲座，近千人的报告厅座无虚席。可是仔细一瞧，真正在听讲座的没有多少，倒是睡觉的、玩手机的、抱着iPad或笔记本电脑做作业、看电影的占了不少。一名男生明确表示，讲座内容偏学术，听不大懂，和他所学的专业差距太大。这名男生还透露，他是"被讲座"的，老师要求大家都要来听，"座位坐得这么满，肯定有很多同学跟我一样，是被抓来'填坑'撑门面的"。后来学校改进了课外讲座的入场方式，通过预约抢票等大数据管理，动态调整讲座场地、规模大小，让真正感兴趣的同学匹配相应讲座内容，同学们非常欢迎。

　　辅导员在管理活动中，作为教师具有"角色权威"的天然优势，有时为了管理工作的高效统一需要采取一些强制性的手段，但学生接受安排并不代表内心认可这样的安排，只是受限于管理角色的不平等，不愿说或者不敢说。

　　辅导员的"疏堵结合"管理思维，立足于对学生心理和现实诉求的准确把握，"疏堵结合"或"以疏代堵"，寻求问题解决"新赛道"。挽救网瘾学生时，既要对他沉溺网络游戏的行为围追堵截，发动舍友、家长、老师展开"人民战争"，更要与网游争夺时间，通过张弛有度的学习计划和丰富多彩的课外活动，争夺替代原本的"网游时间"；帮扶贫困学生时，既要有"火眼金睛"，用规则、制度、数据剔除"伪贫困"，更要有"真情实感"，用物质、岗位、温度给予"真温暖"，帮助真正的贫困生解决面子和里子问题。凡此种种，都是"疏堵结合"管理思维的生动呈现。

　　生有所呼，师有所应，学生的"呼声"就是工作的"哨声"。辅导员要通过面对面真诚沟通，心贴心解决实际问题，提高管理活动效力。

　　（2）宽与严

　　　　大学生小李，男，大一时学习成绩良好，在班级、宿舍中与同学们的关系也很融洽。然而，就在大二上学期时，他突然出现旷课、夜不归宿的现象。据了解，其旷课的原因是去打工挣钱。小李因购买电脑、手机等欠网络贷款一万余

元，不到一年的时间本息累计三万余元。同时小李未经请

假，夜不归宿，现已旷课累计达 30 节。

本案例中，学生小李的问题，一是遭遇不良"校园贷"，二是夜不归宿和旷课的行为违反了校纪校规。辅导员要做的事情，一是用法律武器帮助小李走出"校园贷"的泥沼，二是严格按照《学生手册》相关规定处理小李的违纪行为。既要"惩"，也要"帮"；既要把握原则，也要讲究方法。宽严之间，是辅导员管理方法和管理能力的体现。

面对小李所遭遇的不良"校园贷"，辅导员要用法律知识维护学生合法权益。2021 年 3 月，银保监会办公厅、中央网信办秘书局、教育部办公厅、公安部办公厅、人民银行办公厅联合印发了《关于进一步规范大学生互联网消费贷款监督管理工作的通知》，从多个方面进一步规范大学生互联网消费贷款监督管理，切实维护大学生合法权益。这是辅导员帮助学生逃离不良"校园贷"的有力武器。

与此同时，小李夜不归宿、旷课的行为违反了校纪校规。虽然行为的发生似乎有很多"不得已"，但这是原则问题，必须给予处分。关键在于，作为一名成熟的管理者，处分不应该影响辅导员帮助小李维权和对小李后续的关心关注。如果辅导员能借助这一案例，引导小李和更多的同学科学理性地处理学习生活中所遇到的各种"疑难杂症"，那就离完美更近一步了。

初入职场的辅导员在管理实践中容易陷入"宽严思维"的两端，

有时过于宽容，不讲原则；有时又过于严苛，不通人情。只有"宽严相济"的管理思维，因人、因事、因时而异，才能够既守住底线，又温润人心，切实提高育人实效。

（3）数与度

> 大一女生小赵沉默寡言，新生心理普查数据有些异常，辅导员老师委托其舍友密切关注小赵的日常动态。某天舍友向辅导员反映，小赵最近经常默默流泪、喃喃自语，但并不愿意跟舍友讲太多。辅导员第一时间将情况联系告知了小赵的妈妈，妈妈婉拒了学校的心理咨询建议。第二天，舍友告诉你，小赵情绪更糟糕了，因为她妈妈来电把她狠狠地说了一通。后来辅导员得知，小赵父母离异，母亲性格强势，对小赵实施军事化管理。原来这才是小赵心理异常的真正原因。

"心中有数，处理有度"。这是辅导员前辈的经验之谈，随着工作年限增加，理解也更加深刻。

"心中有数"是辅导员管理修炼的基本功，只要辅导员充分了解学生信息，并在群体中施行"网格化"信息员管理模式，这不难做到。

真正考验辅导员管理功力的是"处理有度"。上述案例中，辅导员看似做到了"心中有数"，通过其舍友第一时间了解到小赵的异常表现，并及时采取了处理措施。但因为急于解决小赵的心理异常状态，按常规第一时间通报家长，却忽略了其心理异常背后可能存在的家庭因素影响。这样一来，"心中有数"大打折扣，并直接造成了小赵情绪波动。所以，我们在管理活动中不能满足于自我认知层面的"有数"，而是要抽丝剥茧、全方位了解事件背景，准确把握主要成因。只有这样，才能在真正"有数"的基础上，采取针对性举措，对症下药，做到"处理有度"。

（4）情与理

大一新生小周患有慢性胃炎，需要少食多餐，但学生食堂无法满足，无奈之下她只能买了一只电饭锅，犯病时偷偷在宿舍里煮东西吃。不久之后，她使用违章电器的行为被宿舍管理员发现，并通报给辅导员。面向小周的这一"刚需"，辅导员 A 的处理方法是，"以后老师给你送饭，要是老师没时间，安排同学给你送"；辅导员 B 的处理方法是，"老师明天给学校后勤部门打报告，看能否在学生食堂设立特需窗口"；辅导员 C 的处理方法是，"老师认识一个调理肠胃特别有经验的老中医，周末老师带你去拜访，争取把老胃病治好"。

这是一则极具代表性的经典案例。"教育无他，唯爱与榜样"，"感人心者，莫过于情"，"栽树栽根，育人育心"。辅导员管理活动的根本和核心是以学生为本，关心学生，理解学生，尊重学生，信任学生，以情感人，以理服人，不仅使学生主动接受自己的管理，还会把辅导员作为榜样去效仿，达到身教胜于言传的目的。

　　但我们必须清醒地认识到，这里的"理"除了指正确的"道理"，还包括方式方法的"合理"。因此，辅导员在管理活动中的"情理思维"，除了传统意义上所说的"既要讲原则也要讲感情"，还有更广泛层面的含义，即"管理举措要符合生活的常理"。上述案例中，辅导员 A 的处理方法看似合理，还充满温情，但是坚持下来难度很大。一旦失信，问题没解决，还容易好心办坏事，彼此埋怨。辅导员 B 的处理方式把特殊情况当成一般现象处理，仅仅从经济角度去衡量，难度就可想而知。相较而言，辅导员 C 的处理方式比较符合"生活的常理"，具有较强的可操作性，对学生的帮助也更为实际而彻底。

　　5. 效：管理效果

　　（1）知与行

　　　　大一新生班要经历长达半个月的军训，教官要求每天早上五点半起床集合，但刚入学的大一新生脱离了父母的监督与提醒，加上高强度训练，班级里经常会有一部分同学贪睡迟到。辅导员体谅学生们训练的辛苦，也没过多干预，时间久了，很大一部分同学受这种风气的影响，迟到的人越来越多，已经严重影响了班级的军训纪律和班级风气。

　　"千里之堤，溃于蚁穴"。这个案例中，辅导员在体谅同学们军训劳累的同时，已经看到了班级懒惰风气的滋生。在此情况下，要及时处理个别现象，防微杜渐，扭转不良风气，帮助同学们养成良好习惯。尤其是大一刚入学的这个节点，正是塑造学生乃至班级群体习惯、风气的关键时期。为了扭转不良风气，必须要立规矩、下猛药、出实招。

辅导员除了强调军训管理规定外，也应当以身作则，在同学们到达集合地点之前到达军训场地，用自身行为传递守时意识，在学生心目中形成正确"认知"；其次通过赏罚分明的管理举措，让学生"认可"守时是对的，迟到是错的；还要通过持续的管理手段，帮助学生养成守时习惯，稳固守时行为，并延伸到后续的学习生活中去。

总而言之，辅导员要树立知行结合的教育管理目标，从认知、情感、行动三个维度正向引导学生，让学生在"知晓"的基础上"认可"，进而达成"行动"。

（2）量与质

大三学生小王，自进校后就热衷于参加各类学生活动，非常忙碌。大学前两年还很享受这种状态，可进入大三后，突然发现身边的同学都目标明确地忙着自己的事，冲刺成绩、准备考研、出国，还有的同学已经考到了好几张证。再看看自己，兴趣爱好很广泛，但没有一样做精做深的，没什么积累。对于未来，自己有很多想做的职业，却又不知道到底适合哪一行，该选择哪条路。

"经历不等于竞争力"。以本案例来看，对于这一观点，在校大学生往往很难形成正确认知。新生们常常以"忙碌"开启大学生活，以

"盲目"面对纷繁选择，以"茫然"结束入学蜜月。许多同学热衷于参加学生组织，尝试各种学生活动，这并没有问题，但却很难有"长性"将某一领域做到熟练或精通。

辅导员在管理活动中具备"质量思维"，非常重要，既要合理把控学生在"第二课堂"投入的"量"，更要严格评估所产生的"质"，并提供合理监督、合理建议。

脱离了学业繁重的高中生活之后，进入大学，许多同学都会尝试选择自己感兴趣或者闻所未闻的新鲜事物，往往认为做十件事情总比做一件事情对自己更有帮助，但他们并未意识到数量与质量之间的关系，也没有关注到做与做好之间的区别。辅导员应该及时关注学生发展动态，帮助学生建立质量意识，将自己的有限精力聚焦，以精益求精的态度做好每一件事。

（3）主与次

丽丽是一名大一学生，入学后想去做兼职，赚点钱减轻家里负担。最近她找到一份兼职，有时忙到晚上十一点多才能回来。因为在兼职中精力投入过多，晚上得不到休息，也影响到了学习。

类似这样的例子，越来越多地出现在学生群体中。

有的忙于社团，有的忙于兼职，有的忙于实习。但有一点相同，都忙忘了学生本质，忙出了学习问题，捡了芝麻丢了西瓜。

面对问题，辅导员应及时了解原因，及时发现问题，及时洞察学生的困难与诉求，将学生所面临的情况透彻分析，给予合理意见。辅导员应当引导学生将兼职工作与专业发展相结合，处理兼职与学业之间的平衡关系，既要学会"十个指头弹钢琴"，也要学会在主战场集中优势兵力，虽然兼职中能得到生活的补贴，但也失去了许多与同学交流和在学校学习的时间，这种主次颠倒、得不偿失的行为，需要引导学生意识到它的严重性。同时还要帮助学生通过获得奖学金、助学金的方式减轻家庭负担，将重心放在学习上。

人的精力有限，学会抓大放小，分清轻重，抓住主要矛盾，是门重要学问。学校里容错率高，我们要用好各种契机，帮助学生建立主次思维习惯，这也是未来学生管理好时间，取得人生路上佳绩的重要一课。

（4）取与舍

毕业班学生小张来自云南某县，他本人的择业意向是：单位地点必须在昆明市，昆明市外的任何单位都不考虑。然而，他几次参加昆明地区的应聘都以失败告终，临近毕业还未落实工作单位。他的同学去参加国家中医药管理局的招聘会时，顺便将他的应聘材料带去投递，恰好有他家乡的一家制药厂要他，专业还对口。

"智慧人生，品味舍得"。"舍"与"得"是一组辩证统一关系，有舍有得，舍中有得，先舍后得，小舍大得，都是智慧的体现。

案例中的小张，执念于一城，却恰恰求而不得，放下了执念，机会却悄然降临。"舍"是评估后的舍，"得"是实事求是的得。辅导员需要深入了解当前就业环境，为学生剖析他所面临的就业现实，引导学生充分考虑自身的实际条件，再去分析各个选项的优缺点与匹配度，最终确定就业方向。

多说一句，毕业生的择业问题本质上是择业观的现实反馈，许多面临择业的学生都会有这样或那样的困扰，辅导员应多开展学生生涯教育，普及就业形势、行业态势，针对不同的学生做职业辅导与个人情况分析，帮助他们做好自我探索，实施外界探索，实现学生对就业的科学选择与合理定位。

择业问题，最能也最需要考验学生的"舍得"思维。尤其需要辅导员在日常管理和职业生涯规划教育活动中，通过浸润式教育，帮助学生择己所爱、择己所适、择己所能、"择国所需"，"让青春在党和人民最需要的地方绽放绚丽之花"。

有人说，管理的最高境界是"无为而治"，但辅导员的"无为"应该是"有为"之后的育人成效。这需要我们通过管理修炼，努力实现从被动管理到主动管理、从群体管理到个性管理、从粗放管理到精细管理的"有为"。

而且，成长的是学生，又何尝不是我们自己？

愿我们都能成为学生管理工作中的高手。

第三项

表达修炼

表达，对辅导员来说，是必须修炼的内容。

对很多优秀辅导员来说，"白天跑干讲，晚上读写想"，这就是真实的工作状态。

作为思想政治工作者，辅导员不仅要有较高的政治理论水平、良好的道德品质、扎实的工作作风、严明的政治纪律，还要具备"能说、会写、敢做"的个人综合素质。毕竟，作为学习生活中离学生最近的人，理论的最后一公里要靠辅导员的有效打通才能在学生心中埋下真善美的种子。只有用真理的力量说服学生、感染学生，才能在关键时刻影响学生、引领学生。

偶尔也听到个别老师抱怨：辅导员的很多评比评优都有一个答辩展示环节，其实自己平时做得很踏实很优秀，仅仅因为语言表达上略逊一筹，就无法在激烈的竞争中脱颖而出。

事实上，任何的评比答辩都是一种形式，最终是要承载辅导员真功实效的内容。空洞或低劣的内容，形式再好也不会引人入胜；反之，再好的内容，没有合适的形式呈现，也会影响内容的发挥。《普通高等学校辅导员队伍建设规定》（教育部43号令）明确指出，辅导员应具备较强的组织管理能力和语言、文字表达能力及教育引导能力、调查研究能力，具备开展思想理论教育和价值引领工作的能力。语言文字表达能力和教育引导能力体现在辅导员日常思想政治工作的方方面面，在危机关头、紧要事件面前，往往扮演着"关键钥匙"的角色，也是及时回应学生理论关切和现实困惑，澄清成长迷雾，引导学生学会思考、辩证分析、正确抉择，做到稳重自持、从容自信、坚定自励的重要手段。一个语言表达不太过关的辅导员，我们很难想象他将如何与学生谈话、如何面向学生开班会、如何讲活、讲透、讲好党的创新理论，如何深入学生内心。练就"基本功"，才能走稳专业路。

一、先学基本功：主题演讲

如果留心，会发现演讲类的节目其实还是挺多的，这就给我们提供了参照和感测的对象。那些优秀的草根演说家，那些让人印象深刻的演讲作品，都会让我们基于职业的敏感而感慨，如果我们能够面向学生讲演出这样的效果，思想政治工作就真的可以入心入脑了。

我们常说，会看的看门道，不会看的看热闹。随着观察的丰富和思考的深入，也会发现这一类演讲背后都有规律和设计。这些演讲之所以能够打动人，很大的原因在于其适应了今天的互联网式的表达和传递方式：在演讲中突出丰富且灵活的互动，既满足了青年观众喜欢互动参与感的网络习惯方式，也能满足受众的心理需求，有效引发了青年观众强烈的情怀触动。[1]

---

[1] 姚伟宁：《"网红"思政：思政育人新模式》，《人民论坛》2020 年第 Z1 期。

不过，这些年我们比较重视形式上的创新，往往在内容深度上还有待提高，有的时候我们说得慷慨激昂，口沫横飞，学生乍一听挺有意思，但久而久之一旦觉得缺乏深度，就会慢慢丧失了兴趣，教育作用也会大打折扣。

因此，我们切不能只有柔软的身段，而忽略了价值的要求，要能够把科学规律说清楚、把"所以然""所以必然"说清楚、把自觉自信说清楚，这才能变被动"跟跑"为主动"领跑"。

主题演讲的核心是要表达思想情感，表达的途径是语言，方式是有声语言和态势语言，要兼顾神形气态多种因素，因此有过专业基础的辅导员，感染力、鼓动力强的辅导员，节奏把握好的辅导员往往优势巨大。

简单总结起来，好的演讲有几个特点：

1.综合运用。演讲，一要会"讲"，二要能"演"，但讲是基础，演是辅助，如果就这样的逻辑而言，可能叫做"讲演"更为恰当。即有声的语言，配合无声的神情、手势、体态与动作，需要主讲人既有内容逻辑，也有修辞表达，还兼具音韵和朗读艺术，给人的感觉是字正腔圆、抑扬顿挫、动听悦耳。

2.鼓动宣传。演讲中，主体对于客体有明显的梯度优势，这是因为相对于主体而言，作为听众的客体是接收端，而作为主体的演讲者，则是高度个性化的集合，也就是说，主体要融合独特的感受和观点，使得客体达到振奋和鼓舞，感性接纳是演讲的落脚点，只有客观的叙述，是无法激发听众的认同与回应的。

因此，演讲在内容上是典型的关键词模式，不用太刻意去解释主题，只需引发主题的理解与认同即可。比如，"五四精神的历史意义和时代价值"，在主题演讲里核心在于让听众对象认识到五四运动具有伟大的历史意义，青年一代需要担负时代责任即可。采用的模式是：

$$N（S—V）=T$$

即多（N）个段落（故事：Story 得出观点：Viewpoint）= 主题：Thesis。

一句话概括：由事入理，由理入情，不拘泥于概念，而要触发共鸣。所以，好的演讲通常先不阐释主题，从讲故事开始，一段故事得出一个结论，最终，多个结论形成一个相对完整的逻辑，引发大家对于演讲主题的理解。然后是饱满情感，神形感召的综合运用，增进听众对于演讲主题的认同。

空口无凭，我们举个例子来找找感觉。

下面是一篇辅导员素质能力大赛的演讲稿，大家看后会有更直观的感受。演讲人是陕西科技大学的李鹏老师。

辅导员：人生导师，知心朋友

各位评审，各位老师，各位同人：

大家下午好，我今天演讲的题目是《辅导员：人生导师，知心朋友》。辅导员是什么？文件上写得很清楚，辅导员是开展大学生思想政治教育的骨干力量，具有教师和干部双重身份，我们是大学生日常思想政治教育和管理工作的组织者、实施者、指导者，我们要努力成为大学生的人生导师和健康成长的知心朋友。那么，什么是人生导师和知心朋友呢？（不做过多的概念解释，用故事和例子带领听众逐步理解）

七年前，当我选择成为一名高校辅导员开启我的教育梦的时候，这些文件上的话对于我来讲，懵懵懂懂，不明其详，就这样，我开启了我的辅导员人生之旅。要想成为学生的人生导师和知心朋友，我一开始不知道该怎么做，我只能从最基本的陪伴和坚守做起。记得刚开始工作的时候，有一个来自广西的大男孩提前报到，当天晚上，他来敲我的宿舍门，他说："辅导员，六楼只有我一个人，真的太黑了，我真的很害怕。"那天晚上，我在他的宿舍陪他聊到很久，听到他的鼾声响起，我在他下铺的木板床上一直坐到了天亮，我在想：这个大男孩，四年后毕业，他会对我说些什么呢？两年前，他抱着孩子，带着老婆来到了我的面前，说："看，这就是我的辅导员，我大学的第一个夜晚就是他陪我一起度过的！"（第一个故事，风趣幽默，其实已经得出观点：陪伴做起）

当然，要成为人生导师和知心朋友，还需要我们率先垂范。要做到，能够抉择，学会忍让。2010 年，就在我婚礼前的一周，我所在的城市爆发了严重的反日游行，我感觉我的婚礼可能要出问题。婚礼当天，我对我的夫人讲："亲爱的，婚礼的事情，你可要多担待，有些时候，我可能真的帮不上忙！"12 点钟，婚礼的钟声敲响，12 点 30 分，我对我的夫人讲："亲爱的，对不起，婚纱你要自己还，我要回到工作现场，我的小伙伴们正在战斗，此时，我不能缺岗。哦，对了，这是我的工资卡，密码是你妈，我妈，还有你的生日。"（第二个故事，得出主题：率先垂范）

当然了，随着工作的深入，我对辅导员成为大学生健康成长的人生导师和知心朋友有了更多的体认和感受，我能感受到与学生一起成长的宽慰与快乐。当我和我的挑战杯团队一次又一次地去挑灯夜战，去攻破一个又一个的难关的时候，我的学生对我讲："辅导员老师，谢谢你，只有你能陪着我一起守候天亮，只有你一次又一次地陪着我们去看望朝阳，在这个校园里，只有辅导员和我们知道，夜有多长！"当我 06 级的学生会主席，回到家乡，创办了自己的公司，给我打来电话说："辅导员，你知道我们公司的口号是什么吗？就是你给我说的，其实可以很昂扬！"（第三个故事，得出主题：共同成长）

国家、社会、学校和家庭，都给了辅导员健康成长和职业发展的有力支持，就在我们学校，职工家属二期楼拔地而起，我有了一个自己小小的家。更值得欣慰的是，我的家，从设计、出图到丈量，全都是由我的学生完成的，我希望在我配电箱的下面会有一个小小的葛条，上面写着，我的学生×××作品，那将是作为一个辅导员，心里最大的荣光！（第四个故事，得出结论：育人是辅导员最大的收获）

当然，要想成为一名人生导师和知心朋友，学习和实践，还需要我们不断的拓展，我自幼喜欢读书，超过一万册的藏书是我开展学生工作的底气和内涵。今天，来到这个赛场，我见到了许多优秀的学生工作同人，通过辅导员职业能力大赛，我更加明白，自己下一步学习的榜样！辅导员们，我们最大的美妙就在于我们和学生的逆生长，我们用青春去对抗时光，我们用奋斗去抓住理想！辅导员们，想要成为人生导师和知心朋友吗？和你的学生一起，和我们所有的同人一起。（并没有真正解释人生导师和知心朋友的内涵，而是通过鲜活的故事，带领听众去产生理解和认同）

永远年轻，永远热泪盈眶！（升华情感，振奋鼓舞听众）

二、再练入门功：即兴发言

辅导员的工作内容比较琐碎，导致了在一些重要会议上进行即兴发言时，很容易陷入流水账式的表述情景，主次难辨，主题不明，主旨不清，表达效果也大打折扣。要想提高即兴发言的水平，就要从三个关键词着手："逻辑、层次、句式"。

举一个即兴发言的例子，将其中和思政工作有关的段落整理出来，跟大家探讨。

我想跟大家分享这样一个观点：思想政治教育必须基于传统又连接现实，服务于为时代画像、为时代立传、为时代明德的当代标识。因此，我们既要向学生讲清楚怎么把事情做正确，也要给学生讲透彻，什么是正确的事。

讲清楚怎么把事情做正确，就要善于采取"随风潜入夜，润物细无声"的工作方法。采取浸润浸入式的教育，用好先进人物的典型示范，点燃青春告白的炙热情感，倡导小我融入大我的担当实干。

讲透彻什么是正确的事情，就要把握"野径云俱黑，江船火独明"的立场。通过深学细悟、研机析理，在道的层面做好学习贯彻、理论阐释，比较分析，内化为价值认同，转化为担当力行。这也是我们开展思想政治教育工作的逻辑，不仅要让学生知其然，知其所以然，更要知其所以必然。①比如，疫情过后，我们就可以结合抗疫精神讨论活动，开展类似寻找身边"逆行者"的工作，辅之线上导学、自主探

---

① 李志强：《思想政治理论课要坚持政治性与学理性相统一》，《学校党建与思想教育》2019 年第 7 期。

究、互动研讨的方式，深化理解认识。另外，我们的工作方法也要顺应热潮、遵循规律，为我所用；学会将真理转化为道理，道理简化为故事，故事多维生动呈现，借力算法精准推送到青年脑海里，心头里。

总之，思想政治教育要为时代传神写貌，关键是要用好理、例、力，聚焦到具体的人、事、情。但是，人是变化着、运动着、发展着的客观存在，唯有用好思想引领的辩证法，让学生正确认识群与己，利与益，远与近，得与失，正确看待顺境逆境，客观认识抽象具象，辩证理解当下未来，矢志奋斗成长成才。

一个简单的即兴发言背后，实际上隐含着"以文载道"的设计。归纳下来，有四个典型特点：

1. 突出逻辑性。即兴发言，考虑的时间很短，首先就是要迅速拉起发言的逻辑，常见的方法有：

第一，辩证分析。诸如上文：怎么把事情做正确，什么是正确的事。

第二，关键词概括。上文的发言也可以从"主线、形象、载体、语境"四个关键词进行概括。比如，贯穿 1 条育人主线，打造 2 类榜样形象，拓展 3 个具象化载体，创新 4 类表达语境……

第三，框架归纳。比如，兜牢工作底线，要在四种能力上下功夫，一是"治病于未有"的风险防范能力；二是"见微而知著"的风险洞察能力；三是"处危而不乱"的风险驾驭能力；四是"举一而反三"的风险遏制能力。

即兴发言要一开始就亮出逻辑，"下面，我从×××××，×××××，×××××三个方面进行汇报"。让听者清晰明了地了解思维过程，也为透彻地表达内容奠定了基础。这个时候听者既愿意听下面的具体内容，也由此受到了首因效应的正向影响。

但是，亮出逻辑的前提是首先表达核心观点，围绕核心观点拆解逻辑，不能"无神"，要做到先"聚气凝神"，再"理顺八方"。例文中"思想政治教育必须基于传统又连接现实，服务于为时代画像、为时代立传、为时代明德的当代标识"就是核心观点，两个部分是逻辑支撑，最后一段"思想政治教育要为时代传神写貌，关键是要用好理、例、力，聚焦到具体的人、事、情"再回应主题。

2. 体现层次性。逻辑之后的第二步是层次，也就是说要结构化地体现内容。层次的结构设置类型有很多，比如时间层次、类别层次等。但是，由于即兴发言准备时间很短，层次有的时候很难深挖。正如上面的发言，其实是围绕两个部分的逻辑进行展开，但是受制于准备时间，很难做到条分缕析，但起码有一个基本的阶梯样式。"用好先进人物的典型示范，点燃青春告白的炙热情感，倡导小我融入大我的担当实干"。这是一个小层次，三项都是教育系统的品牌性活动，将其进行了归纳概括，同时，这三个活动也体现了引领示范——共情共鸣——担当力行的层次递进。"通过深学细悟、研机析理，在道的层面做好学习贯彻、理论阐释、比较分析，内化为价值认同，转化为担当力行""学会将真理转化为道理，道理简化为故事，故事多维生动呈现，借力算法精准推送到青年脑海里、心头里"，这两部分则用的是时间层次的设置模式。

3.用好关键句。在发言中插入金句，不仅形象生动，更能画龙点睛。比如上文"让学生正确认识群与己，利与益，远与近，得与失，正确看待顺境逆境，客观认识抽象具象，辩证理解当下未来"。既要"随风潜入夜，润物细无声"，也要"野径云俱黑，江船火独明"，这些都是代表。

还是那句话，"汝果欲学诗，功夫在诗外"，即兴发言时间极短，所以那些得心应手的所谓"金句"，更多也是靠平时的储备，要做到手边常备，心中常想，实践常用。

举几个例子，供大家参考：

①讲辅导员的形象，可以是：

"敦厚如山、刚直如竹、纯净如水、清雅如茶"。

②讲辅导员的工作总结，可以是：

聚焦主业、突出主责，细耕"责任田"；

坚定信仰、提升能力，牵住"牛鼻子"；

总结经验、把握规律，把好"方向盘"；

明确责任、奖优罚劣，激活"一池水"。

③讲辅导员的工作规划，可以是：

树立"不畏浮云遮望眼"的战略格局；

保持"春江水暖鸭先知"的敏锐嗅觉；

踏准"时来天地皆同力"的发展节拍。

④讲辅导员的实干担当，可以是：

用登高望远的胸怀，创新地干；

用抓铁有痕的韧劲，拼命地干；

用辩证系统的思维，智慧地干；

用团结活泼的氛围，聚力地干。

4.进行系统的思考。《辩证法随谈》这本书里，有一句话很有思辨性："倾国宜通体，谁曾独赏梅"？即兴发言找到一个切入很重要，即兴发言找准结束时的延伸更重要，在哪找？我想要从会议主题上找，从会议环节上去联系思考，从主持人的穿针引线上去梳理，从参加对象的结构分析上去比鉴，从会议的关注重点上去挖掘延伸……

第一，动态循环地去分析发言内容，找准湍流和变量。比如，意识形态安全工作。

第二，要从问题、危机、短板的背后破解矛盾。矛盾具有两面性，危机背后同样蕴含着大分化、大调整、大机遇。比如"疫后综合征"等类似危机应对工作。

第三，着力推动转型和变革。在深挖、扩能、加速的多维度中寻找增量，串点连接、重点突破、全面开花。比如，网络思想政治教育等。

怎么办？辅导员一定要有原创思维，一定要有原创作品，一定要自己多写多看多思多想！不能简单做文章的搬运工，知识的装卸工！

所以辅导员提升自我，不主张只看辅导员的资料，看辅导员的资料是为了启发思路，但最多是个"子弹"，我们需要"子弹"，但也需要火力更足的"炮弹"。因此，就要有更高的视角，学习重要讲话精神、学好基本原理，对标分析自己的工作，勾勒出里面的逻辑、层次和句式，为我所用，有效内化，准确转化。

毕竟，取法其上，得乎其中。

三、苦练过硬功：理论宣讲

相对于演讲，理论宣讲的要求是全方位的升维，一方面，学会演讲是学会宣讲的基础前提，二者在展现形式上、表达要求上、宣传效果上具有一致性和贯通性；另一方面，做好宣讲是做优演讲的高维度发力，二者有机结合，就能达到政治语言、学术语言、生活语言、网络语言的综合发力，创造出可亲可信、可感可知的思想空间和精神家园。具体而言，理论宣讲不仅仅是"用故事讲道理"，而是将真理深入到学生内心，是党的创新理论的"传声筒""放大器""调音器"，要让党的声音在青年学生之中传得更响亮、调得更妥帖、听得更舒畅，就必须做到"顶天立地""虚实结合""刚柔并济""凝心聚力"，努力把"普通话"翻译成"地方话"，把"书面语"转化为"聊家常"。

这明显区别于主题演讲需要华丽的辞藻、煽情的渲染的典型特征，显得亲切又易懂，但更能打动人。①

1.典型特征

第一，学理性的特征。理论宣讲的核心词是：理论，讲不了理论、没有讲理论、讲不清楚理论、讲不透彻理论都是失败的宣讲，因此必须对主题的内涵、来龙去脉有清晰的了解和掌握。但是仅仅能讲理论，也是不够的，还得能让听众"听得进、懂得了、记得住"，这就是正所谓浇花浇根，育人育心，一句话概括宣讲：学术的话语讲政治、生活的话语讲理论。这对辅导员而言，挑战确实很大。

第二，政治性的目的。理论宣讲的实质是"灌输"，即将正确的观点、主流意识形态灌输到听众脑海中，以影响人的政治态度、政治选择，争取受众对政策方针的支持、拥护和参与为目的。如果说理论宣讲一半在讲清楚理论，那另外一半就在于针对特定对象，引导他们将"爱国情、强国志、报国行"融入到新时代中国特色社会主义的伟大奋斗实践中，将"小我"融入"大我"，树立大江大海大格局，苦练基层基础基本功。

第三，思想性的特征。宣讲的学理性阐述要通过逻辑性表述出来，而逻辑的清晰与否是体现思想性的关键。我们可以用并列逻辑

---

① 何玉芳：《新思想在基层落地的方法论》，《人民论坛》2018 年第 18 期。

（历史维度、比较维度、自身建设维度；定位、追求、标准等）、递进逻辑（目标、动力、保障；基础、方向、手段等）两个基本方法进行拆解，辅之以实例和数据进行说明，这是引导听众正确看待问题，理性分析现象的有效渠道。

对于上述三个特性，我们可以同样用公式举例说明：

$$T=C+V+ND+G$$

即理论宣讲（Theory Propaganda）＝概念背景阐释（Conceptual Interpretation）＋核心观点凝练（Core Views）＋分段论证核心观点 N（Demonstration：实例＋数据）＋面向特定对象进行引导（Guide）。

我们看两个例子。

案例一：请在所带学生党支部"不忘初心、牢记使命"主题教育中面向预备党员进行宣讲。

第一部分，阐述背景："不忘初心、牢记使命"主题教育是在全党范围内开展的主题教育，是推动全党更加自觉地为实现新时代党的历史使命不懈奋斗的重要内容。就是用党的创新理论武装头脑，推动全党更加自觉地为实现新时代党的历史使命不懈奋斗。2019 年 5 月 13 日，中央政治局召开会议，决定从 6 月开始，在全党上下开展"不忘初心、牢记使命"主题教育。

第二部分，阐明核心观点：共产党人的初心和使命是什么？就是为中国人民谋幸福，为中华民族谋复兴，作为预备党员，要深层次理解这一主题就要深刻理解三个问题：首先，中国共产党从哪里来？为什么要建立中国共产党？其次，中国共产党最终要往哪里去？要完成什么样的历史使命？最后，现阶段中国共产党承担着什么样的历史责任，要依靠什么理论，最终要向什么人负责？

第三部分，逻辑论证：上述三个问题自然构成三点逻辑，要举例子，讲道理，做到虚实结合。

第四部分，引导方向：作为预备党员，怎样践行？比如：提高党性修养水平，进一步发挥先锋模范作用；引领广大同学全面了解党的历史，爱党、拥党、护党，进一步感党恩、听党话、跟党走；在新时代的新矛盾新挑战新征程中，把"初心"和"使命"融入到个人成长成才的全过程，贯穿到各个环节，覆盖到各个方面；"胸怀大志，刻苦学习，早日成长为可堪大任的优秀人才，把学到的本领奉献给祖国和人民，让青春之光闪耀在为梦想奋斗的道路上。"重点在于一定要体现预备党员这一群体的特殊性和职责要求。

案例二：绿水青山就是金山银山，面向大学生进行宣讲。

第一部分，阐述背景："绿水青山就是金山银山"是何时何地提出的。

第二部分，阐明核心观点：两山理论的提出，体现了习近平总书记以民为本、心系百姓的初心情怀。

第三部分，逻辑论证：

①既要绿水青山，也要金山银山（人与自然要和谐共生）

②宁要绿水青山，不要金山银山（生态优先理论）

③青山就是美丽、蓝天也是幸福，环境就是民生（树立生态文明的大局观）

这里可以在每一部分夹叙夹议，多举具体实例，大到垃圾分类、塞罕坝、鹦哥岭的故事等，小到校园文明、光盘行动等志愿服务。

第四部分，引导方向：作为新时代的青年一代，应如何勇担时代重任，积极投身生态文明建设浪潮，奏响青春建功之歌？要"坚持人与自然和谐共生，坚持节约优先、保护优先、自然恢复为主的方针，像保护眼睛一样保护生态环境，像对待生命一样对待生态环境，让自然生态美景永驻人间，还自然以宁静、和谐、美丽。"……

好的宣讲就是这样，理论有高度，道理有深度，数据有力度，讲述有温度，最终是凝心聚力，振奋人心，激扬青春，铸魂育人。

辅导员的思政课，就是日常讲好理论宣讲。其实，只要在日常工作中用心用情用功，理直气壮讲好我们的"思政课"，无论是现实，还是舞台，都会展现一名优秀辅导员的功底和魅力。

2. 基本逻辑

理论宣讲，内容是党的创新理论（讲什么要明确，不能什么都叫做理论宣讲，而是要能让创新理论为群众所掌握，转化为强大的物质力量和实践力量），目的是建设具有强大凝聚力和引领力的社会主义意识形态（澄清谬误、明辨是非、凝神聚气），手段是推动传播手段和话语方式创新（要能达到绘声绘色、唇齿留香、回味无穷的效果）。[1] 为更好地推动理解，我们可以结合与主题演讲的对比，分析其中的基本逻辑。

第一，从结构上分析。主题演讲的切点在于暗箱隐喻（潜移默化，自然领悟），理论宣讲的切点在于靶向隐喻（润物无声，有的放矢）。具体而言，主题演讲，核心在于"演"。关键要练就生动形象、绘声绘色的表达方式。通过情感抒发、价值引导，引发听众产生共情共鸣，从而领悟到"要做什么"的行动指向。因此，它的结构大体上是"由事入理、由理入情"，不要求解释概念，而要通过故事讲清道理，进而激发情感。

比如，"辅导员的初心与使命"，就可以用三个画面感极强的故事进行讲演，分别得出类似"塑造人格健全的人、培养堪当大任的人、成就复兴梦想的人"等结论，最终回应主题，进行引导与感召。因此，主题演讲并不需要一开始就解释背景和概念，甚至在最终也无需阐明概念，只要走对路，把准向，让听众达到心有灵犀的效果即可。

理论宣讲，核心在于"宣"。就是要做好宣传阐释，这就决定了辅导员首先要学深悟透理论，然后才能开展宣传阐释。因此，任何理论宣讲的第一步都是要解释概念，通常是要采取"总—分—总"这一整体结构，回答"是什么—为什么—做什么"三个问题。所以，辅导员第一步要讲背景、概念，然后提出中心观点或解释其中的本质特

---

① 黄小军：《做好宣传思想工作的行动指南》，《社会主义论坛》2018 年第 9 期。

征。这直接考察了辅导员的理论思维和概括能力。同样用"辅导员的初心和使命"这个主题为例，就要首先讲清楚什么是辅导员的初心和使命，如——为党育人、为国育才，培养担当民族复兴大任的时代新人，培养德智体美劳全面发展的社会主义建设者和接班人。还要讲清楚本质特征和内在联系，比如，本质特征是要用习近平新时代中国特色社会主义思想铸魂育人，内在联系要从中国共产党人的初心和使命的大维度去思考辅导员的初心使命，要能建立一脉相承的联系。[①]

然后，是用清晰的"逻辑+数据"进行佐证。比如，从时代图景、思维方式和价值规范三个维度进行论证。时代图景要从"新时代""新方位""新矛盾"上分析；思维方式要从"新手段""新阵地""新特点"等去梳理；价值规范要面向"两个一百年""强国伟业""复兴梦想"等高度去引导。

第二，从层次上分析。主题演讲的效果更多发生在"此时此刻"，要能让听众感动、感慨、感悟，重在精神力量的领悟。所以检验效果的方式通常是直观的，比如笑与泪。如果能让观众有会心一笑，进而点头会意，最终热泪盈眶，这样的演讲一定是爆款，意味着所有的精彩在这一刹那高光绽放。

所以，演讲要有金句，要有类似"用成长来对抗时光的流转，去

---

① 黄诚：《新时代高校思想政治理论课的任务》，《学校党建与思想教育》2020年第4期。

突破自己的边界，去发散生命能量"的金句；要有情感的抒发，要有直观强烈的情感流露；要有情绪的调动，要能通过节奏的调整、注意力的吸引、身体姿势的配合调动起整个听众的情绪。

但是理论宣讲的效用更多发生在"那时那刻"，在宣讲伊始，就要能引导听众透过现象看到本质，让听众认可、认同、领悟。这其中一定有一条主线，就是习近平总书记和党中央对于青年成长成才的期待和嘱托，要在深入理解和情感认同之后，实现行动方向的指引、担当力行的自觉，使得精神力量变成物质力量，做到合规律性与合目的性的统一。

这其中就要把握一条规律：要建立起主题与听众的链接。只有这样才有说理性，才能做到解决思想问题和实际问题的统一，才能产生信服力。比如，"实现强国伟业"，就要讲清楚强国梦与个人梦、青春梦的关系，让学生懂得"得其大者可以兼其小"的道理，结合他们的特征去厘清"小我"与"大我"、个体与时代、成长与奋斗的联系，才能做到增添动力，激发活力。

第三，论证方式上分析。主题演讲因为不需解释概念，因此多采用"软逻辑"的方式，通过几个故事，讲清相应的道理。当然，几个道理之间要有一条隐含的逻辑线，能够形成一个完整的架构，最终支撑起主题。所以，我们思考谋划的时候要能用金句的方式拉出逻辑框架，再推导出相应的故事情境。但是讲述表达的时候恰恰相反，要通过吸引人的故事倒推出金句的结构。只不过，辅导员的故事一定要在身边才能有共鸣，要善于运用辅助手段（影、音、图等多维表达）做到以文化人，最终实现以情感人。

理论宣讲是"硬逻辑"。可以有的方式是一开始解释完概念、背景、本质后，直接亮出逻辑。比如"下面，要想理解这一理论，我们可以从内在的政治逻辑、内在的历史逻辑、内在的现实逻辑三个方面进行分析"，这样的结构一下子就能让听众感受到强烈的逻辑性和信服的说理性。

当然，精彩的逻辑要有生动的支撑，实例、数据是关键要素。比如，我们要讲制度自信，就要能从抗疫斗争中提炼出可信的数据，要从国内国外的对比中总结出明显的特点，要能在历史与现实相比较的实例分析中论证出显著的变化。要达到这一要求，就要把握关键的三个字——"具体化"。理论宣讲精彩与否，关键是能不能实现从抽象到具象的逻辑跃迁，否则，就成了理论文章了，可能道理深邃，但听起来不一定精彩。

从这个角度上看，理论宣讲的格局更为宏大，主题演讲是用故事讲道理，理论宣讲是用中国故事去支撑理论。我们要掌握数据，要能自圆其说，要可以做到"以点带面"，要有效选取好典型案例和落实载体，才能做到以理服人，最终达到以行励人。

3. 事例选用

理论宣讲有四部分结构，一是背景概念，二是中心思想，三是逻辑观点，四是落地引申。其中，逻辑观点起到了重要的支撑作用，是整个理论宣讲的重点；事例，是支撑逻辑观点的重要载体。这二者是典型的枝与叶、骨与肉的关系，共同构成了理论宣讲的体系。一句话概括事例的重要性，那就是——"文以载道"。文章是为了说明道理，事例也是为了证明道理，能否说明道理、证明道理，直接决定了理论宣讲最终的成效。

评价思想政治工作的正向成效，通常我们会用这些词来描述："入心入脑""走深走实""认知认同""共情共鸣""同向同行"。要达到这样的境界，可谓难度不低、要求不低，水平也不低。在我们党的思想政治教育历程中，特别强调"以理服人"，在这其中，"理"是内容，"服"是方法，"人"是主体又是作用对象。用其来指导理论宣讲，就是以内容（事例）服务手段（逻辑），内容的选取（理）紧密围绕作用的对象（人），这构成了我们选取事例的标准。道理讲清楚了，自然就能内化为认同，转化为行动，最终外化为力量。

做到以理服人，我们可以从三个方面阐发事例。

第一，让抽象变得具体，用小故事做好大文章。增进思想政治工作实效性的关键在具体化。举个简单的例子，比如一堂主题为"制度自信"的理论宣讲，我们可以从"中国共产党为什么能，马克思主义为什么行、中国特色社会主义为什么好"三个层面进行分析（逻辑），要想讲清道理，说服听众，我们就要有具体的例子去说明，这样才能产生信服感。

比如，中国共产党为什么能？就要有具体明确的分论支撑，一是与时俱进加强理论武装，创新指导思想，引领党和国家沿着正确方向前进。二是始终站稳人民立场，成为广大人民利益的忠实代表。三是集中力量办大事，调动起一切积极的力量。四是勇于自我革命，全面从严治党永远在路上……

进而支撑每一步分论的，则是一个个具体的、鲜活的数据和故事。如果这些故事能够用中外比鉴、古今对比、辩证比较进行进一步的阐发，就会更有说服力。

理论宣讲中的事例不仅仅是用在第三部分（逻辑观点）的，也是用在第四部分（落地引申）的，第三部分的事例，我们多用中国故事、中国数据，第四部分的事例就要针对特定对象进行分析。对于即将出国求学的学生、对于刚刚入党的青年、对于即将参加志愿服务的团队……我们的事例选取要和他们的阶段重点结合起来。

让出国的学生坚定制度自信，在外讲好中国故事，学成归来把科研做在祖国大地上；

让刚刚入党的青年明确自己的时代责任和历史使命，让青春之花在祖国最需要的地方绽放；

让即将出征的志愿者们坚定信念，不畏风雨、勇担挑战，站稳人民立场……

这些都有很多针对性强的故事与例子，要善于用小故事做好大文章。当然，小故事和大文章是辩证的，小故事是与大文章直接相连的。志愿服务的小担当背后可能是"一带一路"的大战略，励志勤学的小期盼背后却是"脱贫攻坚"的大期待，要从小故事引发出大文章，回应大主题。

第二，把具体讲得生动，用小切点做好大文章。宣讲要达到生动的效果，一般有两种办法，一种办法是辩证地分析。从远近、内外、长短、大小等多方面进行系统的比较。我们一起学习一下习近平总书记在 2020 年两会期间看望参加全国政协十三届三次会议的经济界委员时的讲话。总书记非常经典地用辩证法分析、解析当前的经济形势，包括国际国内形势，我国的经济状况、农业基础，里面有大量详实的数据、具体的实例、全面的比较，详细阐发了在危机中育新机、于变局中开新局的道理。[①] 另一种办法是形象的比喻。我们学习一下李克强总理在一次两会回答中外记者提问时的比喻手法，体会一下什么叫做形象且有说服力。比如"放水养鱼"——没有足够的水，鱼活不了，但是如果泛滥了就会形成泡沫，就会有人从中套利，鱼也养不成，甚至浑水摸鱼。比如"我们一定要稳住当前的经济，稳定前行，也要避免起重脚，扬起尘土迷了后人的路"等等。我们在面对特定对象举例子时，就可以从他们熟悉的场景入手，从考试、恋爱、交友、实践，甚至休闲娱乐、观光放松的一些常见场景去分析道理，进行具体化的阐释。这就是典型的"小切点"做好"大文章"，"小切点"和

---

① 任理轩：《在危机中育新机　于变局中开新局》，《人民日报》2020 年 10 月 12 日。

"大文章"也是辩证相连的，小切点要能准确地说明道理。

第三，让生动推动深刻，用小道理做好大文章。事例不能简单理解为事例的陈述，而是要有总结性的引申，让例子变得深刻，让表象呈现具象。否则，就可能会出现"尬点"，讲的人口沫横飞，听的人不知所以。举一个例子，我们宣讲"学习伟大抗疫精神"这一主题，通常首先要明确学什么和如何学的两个问题。并辅之相应的事例加深理解，让学生深刻理解弘扬抗疫精神无分大小、先后，凡人小事也能凝聚起担当报国的大能量，然后再进行生动化的阐发——"正如施工一样，画好每一根线，才能绘就工程图；踏实做好每一件小事，才能完成城市层面的宏大命题"。当然，阐发概念只是第一步，用金句提炼其中蕴含的教育意义同样关键。

给大家说一个最高效的方法，就是认真学习习近平总书记的系列重要讲话，学一学习近平总书记是怎么讲道理、举例子、讲故事的，这就是身边的榜样和示范。

4.开篇方式

高尔基曾经有过这样一段经典的论述："最难的是开场白，如同在音乐上一样，全曲的音调，都是它给予的。平常却又得花好长时间去寻找"。这句话对于理论宣讲的开篇，有非常重要的指导价值。

理论宣讲和主题演讲的区别是全方位的，不仅体现在内容的深浅上，也体现在形式的表现上。比如，主题演讲的开篇更突出引人入胜的要求，不需要讲太深刻的道理，关键是吸引学生愿意听。因此，辅导员可以从近期的一些热点、故事出发，引发学生的兴趣。特别是可以用好一些"引子""楔子"，增强演讲的吸引力。但是，理论宣讲核心在于清晰、明理、深刻地阐发理论，虽然没有明确的界定要求说不能以讲故事的方式开篇，但毕竟和理论宣讲本身的概念、主旨有所偏离。因此，建议大家还是要从理论宣讲的要求出发，卡准定位、切中对象、把握要领，在开篇时即能迅速讲明主题、明确引导方向，解释背景概念。当然，在表达方式上要创新思考，增加语言的感染力。我们可以选用以下三种方式：

第一，排比式开篇。好的排比句式内容生动形象，更能产生排山倒海的气势，迅速提升宣讲效果。我们一起学习一篇文章：关于《中共中央关于坚持和完善中国特色社会主义制度　推进国家治理体系和治理能力现代化若干重大问题的决定》的说明。[1] 我们看一下在第一部分论述文件起草背景和考虑时，采用的是何种表达方式，重点学习三个领句。

> 这是实现"两个一百年"奋斗目标的重大任务；这是把新时代改革开放推向前进的根本要求；这是应对风险挑战，赢得主动的有力保证。

---

[1]　习近平：《关于〈中共中央关于坚持和完善中国特色社会主义制度　推进国家治理体系和治理能力现代化若干重大问题的决定〉的说明》，《人民日报》2019 年 11 月 6 日。

多么清晰明了，铿锵有力！真理的力量、语言的魅力在这一刻跃然纸上。

排比的力量不只是体现在开篇，我们再一起学习总书记的一段讲话：

> 站立在 960 多万平方公里的广袤土地上，吸吮着五千多年中华民族漫长奋斗积累的文化养分，拥有 13 亿多中国人民聚合的磅礴之力，我们走中国特色社会主义道路，具有无比广阔的时代舞台，具有无比深厚的历史底蕴，具有无比强大的前进定力。①

三个无比，逻辑严密、气势磅礴、铿锵有力，从三个层次阐明了中国坚持道路自信的实践基础、历史基础与信心基础。理论宣讲的开篇，就可以学习参考这样的讲述方式，开篇定调，举旗定向。

第二，对比式开篇。对比式的开篇思辨性较强，辅导员可以将观点、事件、中外、古今的各种素材进行比对，带给学生强烈的反差感，从而在开篇就产生鞭策和鼓舞的效果。

我们参考这一篇文章《"西方之乱"和"中国之治"为何对比如此鲜明》。②

---

① 习近平：《决胜全面建成小康社会　夺取新时代中国特色社会主义伟大胜利——在中国共产党第十九次全国代表大会上的报告》，《人民日报》2017 年 10 月 28 日。
② 赵学珍：《"西方之乱"和"中国之治"为何对比如此鲜明》，《人民日报（海外版）》2019 年 4 月 10 日。

2008 年国际金融危机爆发以来，西方乱象频发，到今天也没有停止的迹象。英国脱欧反反复复，法国"黄马甲运动"持续爆发了数月，美国国会和总统特朗普关于移民政策、美墨边境墙以及特朗普宣布的"国家紧急状态"一事缠斗不休……反观中国，"风景这边独好"，中国共产党带领中国实现了从站起来、富起来到强起来的历史性飞跃，为人民提供了更多就业机会、更稳定的收入、更完善的社会保障体系、更健全的社会法制体系、更好的生活环境。可以说，国家的文明进步有目共睹。

可以看到，在这其中既有具体的对比（具体的事例），也有抽象的对比（描述发展状况的话语），采用的是先抑后扬的表述方式。当然，可以根据主题的不同采取先扬后抑的方式，关键是要能体现差别鲜明。

值得注意的是，对比式的开头在体现强烈的反差之后，要迅速凝炼主题，分析内在外在的原因，并提炼核心观点。比如，"中国之治"在于中国共产党的坚强领导，形成破题之势，然后后续围绕这一核心观点分析论证（比如：马克思主义普遍真理同中国具体实际相结合、坚持群众路线和为人民服务的宗旨……）。

对比式的开头如果能设置一定的悬念，则对学生而言更有吸引力。解开悬念的过程，就是道理解析的过程，也可以在解析的过程之后，达到前后照应、浑然一体的效果。

第三，点题式开篇。这是我们比较熟悉的一种方式，在开头就把宣讲的中心思想、核心观点表达出来，让学生一下子就能抓住宣讲内容的实质。比如：

党的十九大报告指出，中国特色社会主义最本质的特征是中国共产党领导，中国特色社会主义制度的最大优势是中国共产党领导。从内在逻辑上深刻把握这一重要论断，对加强和改进党的领导，推进中国特色社会主义伟大事业具有重要意义。

我们通过这样的方式进行讲述，目的就是深刻、清晰地表达观点。一开头就向学生讲明，党的领导是中国特色社会主义最本质的特征，然后再分段阐述，举例子摆事实讲道理。

再比如，在纪念五四运动100周年大会上的重要讲话中，习近平总书记指出："当代中国，爱国主义的本质就是坚持爱国和爱党、爱社会主义高度统一。"① 这一重大论断，丰富和深化了对以爱国主义为核心的五四精神的理解，对于新时代坚持和加强党的领导，坚持和发展中国特色社会主义，实现中华民族伟大复兴中国梦，具有重要指导意义。

同样，开篇即指明了爱国主义的本质，解释了背景、概念，明确了接下来的育人导向，充分彰显了宣讲的理论力量。

当然，点题式开头讲究直截了当，但是也不是一下子就讲观点，也要有个简短的铺垫，讲清楚背景、场合、出处，这也就决定了采用这种方式进行开篇宣讲，观点一定要有权威性，要有确凿的依据

---

① 习近平：《在纪念五四运动100周年大会上的讲话》，《人民日报》2019年5月1日。

和出处。可以说，点题式和对比式居于理论宣讲开篇的两端，分别针对确定性和探究性两类宣讲主题进行分析，排比式居中，可以作为两类主题的表达参考选项。

最后，我们再回到开篇高尔基的名言，其实他的前半句强调了开篇的重要性，但是后半句，则说明了长期积累的必要性和苦心斟酌的重要性。

辅导员要给学生做宣讲，就一定要精心准备，巧妙设计，这就需要我们在日常生活、学习中留心一些好的文章，关注一些好的细节，建议大家可以参考上述三种常见的开场方式，有针对性地收集一些素材，甚至可以建立一个专门的文件夹，进行分类梳理，特别是一些好的排比句式，针对不同主题稍作转换，就能产生生动、深刻的效果。

加强理论武装，是担当作为之骨，是走深走实走心之基，更是专业化成长之要，直接体现辅导员的水平。理论宣讲虽然只是日常思政工作的一个载体，但却可以在每一次讲述之中，见精神，显魅力，可以说学好用好，受益无穷。

5. 首尾呼应

语言表达是一门艺术，同样的素材在不同人口中说出来，可能会产生大相径庭的效果。当然，我们绝大部分人都没有接受过专业的表达训练，所谓的经验只是源自于实践锻炼与总结思考。对于理论宣讲而言，大家通常会自觉不自觉地向主题演讲进行靠拢，在无意间忽视了"宣"的阐释性，更看重"演"的体验性。因此，在宣讲结尾时，我们经常会刻意提升语言表达的力度、音调的高度，甚至会加大肢体上的配合，从而达到加深表达效果的目的。

当然，这样的表达方式是有科学依据的，一个是近因效应，一个是峰终定律。可是，看任何问题都要从整体去研判分析，而不是简单地聚焦于一时一刻。比如，近因效应与首因效应是首尾呼应的、一体贯通的，只见其一、只有之一，效果一定会大打折扣。峰终定律的高峰不一定是在结尾，结尾固然是关键的记忆体验时段，但是高峰并不在结尾，就像我们爬华山一样，下山可以选择北峰和西峰的索道，这两座峰本身都有丰富的文化内涵，一个是华山论剑所在地，一个是劈山救母的传说发起地，但华山的最高峰是南峰，只有在那里，才能真正体验一览众山小的感觉，没有去过南峰，终究不能算登顶，下山也势必带有一点遗憾。

辅导员理论宣讲的收尾，也是一个道理，不是最后一段声嘶力竭的呐喊、握拳振臂的呼喊就一定能带来好的效果，如果没有恰当运用好表达技巧，反倒让人感觉到很突兀，甚至有些"激愤"，还不如用实实在在的、沉着坚定的方式进行总结式收尾，简明扼要地对自己阐述的思想和观点作一个高度概括性的总结，从而起到突出中心、强化主题、首尾呼应、画龙点睛的作用。[1]

---

[1] 刘志敏：《演讲与口才实用教程》，人民邮电出版社 2017 年版。

第一，从重要讲话学习收尾。我们首先看这样一段重要讲话的收尾，从中细品几个特点，进而深悟什么是一篇经典的讲话收尾。

> 青年朋友们！一代人有一代人的长征，一代人有一代人的担当。建成社会主义现代化强国，实现中华民族伟大复兴，是一场接力跑。我们有决心为青年跑出一个好成绩，也期待现在的青年一代将来跑出更好的成绩。衷心希望新时代中国青年积极拥抱新时代、奋进新时代，让青春在为祖国、为人民、为民族、为人类的奉献中焕发出更加绚丽的光彩！①

一方面是学用词。收尾没有太多所谓华丽的辞藻，没有令人眼花缭乱的排比句，都是些朴实的语言，但是充满了坚定的力量和深切的嘱托。辅导员本身就是离学生最近的人，更要用实实在在、铿锵坚定的语言，在总结收尾时给学生讲清楚"大我"与"小我"的关系、当下与未来的联系、此时此刻与那时那刻的方向。特别要有自己坚定的行动誓言，使宣讲的收尾能够架起师生共同奋斗的桥梁，增加互动性、带动性和引领力。

另一方面是学内容。好的收尾，要平铺直叙，言之有物，还有充分的纵深。也就是说，辅导员做理论宣讲，在收尾时要总结全文，引导方向，提出建议，但是这些建议和方向要具体，要与学生的学习、

---

① 习近平：《在纪念五四运动100周年大会上的讲话》，《人民日报》2019年5月1日。

成长、生活紧密相连，而不是简单的口号。要有纵深感，具体化不仅仅是针对当下的，也是连接未来的。

建议大家可以收集几篇重要讲话，反复阅读，研究机理，一定会有更加通透的领悟。

第二，从主题主线凝炼收尾。主题主线，简而言之就是一篇理论宣讲的中心思想。宣讲毕竟在表现方式上还是讲，学生作为听众也不可能全程全神贯注，可能会有意无意地遗漏一部分信息，甚至到收尾的时候也未必能抓住宣讲的重心。因此，在收尾的时候，有必要用一些极其精炼的语句，对宣讲过程中想要表达的中心思想和想要阐述的观点作一个概括性的总结，以起到突出中心、强化主题的作用。

我们以两类常见的宣讲主题为例进行分析，第一种是并列式的宣讲主题。多用于一些系统性的概念。比如"四个意识""四个自信""两个维护""四个全面""两个一百年"等等。一般在宣讲过程中，已经对类似"道路自信、理论自信、制度自信、文化自信"的内涵进行了分别阐释，在收尾总结时更进一步，要深入阐发四个部分的内在联系、内在逻辑关系。例：

> 中国特色社会主义道路自信、理论自信、制度自信和文化自信是一个有机整体。中国特色社会主义道路是实现途径，中国特色社会主义理论体系是行动指南，中国特色社会主义制度是根本保障，中国特色社会主义文化是精神力量，它们统一于中国特色社会主义伟大实践。

第二种是阐发式的主题。针对其中一个具体概念进行阐释阐发。比如"人民至上",在宣讲时已经对于这一理念从不同角度进行了阐释。如,就是要"在任何时候都把群众利益放在第一位"、就是要"紧紧依靠人民"、就是要"把为民造福作为最重要的政绩"。在收尾时,则要围绕这一主题进行深度概括:

说到底,就是要心里装着人民,始终做到民有所呼、政有所应,用心用情用力做好为民服务的工作……

从而实现突出中心,强化主题,首尾呼应的目标,而且内容务实、话语有力、方向坚定。

第三,从宣讲对象选用收尾。辅导员理论宣讲,和辅导员的其他工作手段一样,都要结合实际,聚焦学生。比如,我们看这样一道辅导员的考试题目:请谈一谈你对国家治理体系和治理能力现代化的理解。要回答好这个问题,绝不能泛泛而谈、空讲概念,而是要基于一个基本前提和主语,主要谈从辅导员的工作角度如何理解。同样,理论宣讲是辅导员的理论宣讲,一定要结合辅导员的工作实际、要求、任务,特别是紧密围绕辅导员的主责主业,聚焦宣讲的对象——学生的特点进行具体引导。学生群体也可以细分,有的是面向学生党员的,有的是面向入党积极分子的,有的是面向学生骨干的,有的是面向新生和毕业生等特定对象的,所以一定要在结尾时结合宣讲对象的具体阶段、具体特点、具体关切,进行具体引导。对于入党积极分子,要讲如何切实发挥作用,积极向党组织靠拢;对于毕业生则要结合他们的人生选择和职业发展，寓思政元素于具体的指导帮扶上……概括起来，就是有的放矢，精准施策。辅导员理论宣讲最终是要统一思想、解决问题的，这就要求我们的宣讲，得让学生"听得懂"，做好事前的调查、事中的控制和事后的效果分析，这样的宣讲才有效率。

总之，辅导员理论宣讲不是宣讲人的"孤芳自赏"，而是让学生明白其中的现实意义，能与个人成长发展建立切实链接，才能做到走实走深，入脑入心。表达方式固然重要，真诚、有力、坚定、务实，才是根本。

6. 评比展示

思想政治引领是辅导员的主责主业。在具体工作中，大都是融入日常的班会、主题党团日、社会实践、谈心谈话等有形载体中呈现，很少专门就某一项理论展开一次集中性的宣讲教育。因此，日常教育引导强调的是如何化盐入汤，烹制"菜肴"，理论宣讲比赛注重的是通俗易懂地解读"盐"的作用、意义和重要性，这就决定了理论宣讲比赛的特点——开门见山，直奔主题。

第一，开篇即释义，关键在主题。我们以习近平总书记给高校师生的两封重要回信为案例，谈一谈辅导员理论宣讲如何做好开篇的理论阐释。

案例一：给北京大学援鄂医疗队全体"90 后"党员的回信。

开篇首先要解释背景和主题：2020 年 3 月 15 日，习近平总书记给北京大学援鄂医疗队全体"90 后"党员回信，肯定青年人在新冠肺炎疫情防控斗争中"交出了合格答卷"，赞扬"新时代的中国青年是好样的，是堪当大任的！"并再次指出，"青年一代有理想、有本领、有担当，国家就有前途，民族就有希望。"各位老师对这一种的作答范式已经并不陌生，但这只是背景阐释，要在此基础上更进一步，凝炼好主题——我们要教育引导广大青年牢记总书记的殷殷嘱托，把爱国情付诸实际行动，让青春在党和人民最需要的地方绽放绚丽之花。

案例二：给复旦大学《共产党宣言》展示馆党员志愿服务队全体队员的回信。

理论宣讲可以这样开篇：习近平总书记给复旦大学《共产党宣言》展示馆党员志愿服务队全体队员回信，勉励他们继续讲好关于理想信念的故事，并对全国广大党员特别是青年党员提出殷切期望。阐释背景后，同样要迅速凝炼主题，作为辅导员，要引导青年学生认真学习党史、新中国史、改革开放史、社会主义发展史，在学思践悟中坚定理想信念，在奋发有为中践行初心使命。

所以，综合考虑展现形式和比赛要求等因素，辅导员进行理论宣讲的比赛，一定要开门见山，凝炼主题，突出主题。我们开展理论宣讲的主要意图是宣传阐释思想观点，在短时间内高效凝炼主题，使听众容易把握文章的中心思想，只有重点聚焦，才能高效开展观点阐释。

第二，逻辑需贯一，事例要分析。开篇要迅速凝炼主题，就像是握紧一个拳头般，明确整个宣讲的主干，这是辅导员归纳总结能力的集中体现。明确了主干，就相当于穿糖葫芦一样，有了"竹签"，内容要围绕这个竹签进行串联，这样的宣讲听起来才会没有紊乱的感觉，才会觉得文高气爽，条理清楚。我们依旧以给北京大学援鄂医疗队全体"90后"党员的回信为例，进行进一步阐释。

主题：让青春在党和人民最需要的地方绽放绚丽之花。

可以再细分为三个分逻辑：

首先，是把个人梦想的涓涓细流汇聚成实现中华民族伟大复兴中国梦的汪洋大海；

其次，是不断提高与时代发展和事业需要相适应的素质和能力；

最后，是做起而行之的行动派、做脚踏实地的奋斗者。

这种逻辑分层有什么特点？一方面是层次性很明显，由大及小，由知到行。另一方面是领句内容很实。我们理论宣讲凝炼领句时常有的一个小问题，就是领句不够实，让人不知道具体要做什么。我们要明确理论宣讲是要让听众听懂的，即便依旧是隐喻，也要有明确的靶向性引导，而不仅仅是靠自发地去理解，思想政治教育的针对性不仅仅是针对具体对象，也要有针对性地阐释具体内容。

分领句有了，后面就是要进行论述。这里还是要突出一个"实"字，就是要有确凿的、能说明问题的例子。比如，我们在强调青年在这次抗击疫情中发挥重要作用时，就可以引述"在4.2万多名驰援湖北的医护人员中，就有1.2万多名是'90后'，其中相当一部分还是'95后'甚至'00后'"这样的例子，数据明确，一下子就能说明问题。比如，我们在解析中国制度优越性时，可以用"15天相继建成火神山、雷神山医院""9000万共产党员闻令而动以身作则"等事例说明问题。但和主题凝炼类似的是，仅仅举好例子是不够的，而是要通过例子，进一步地总结其中的深刻道理。深刻的道理不是浅层的感慨，而是要进一步进行分析总结，凝炼如"中国特色社会主义制度的最大优势是中国共产党领导""当代中国，爱国主义的本质就是坚持爱国和爱党、爱社会主义高度统一"等本质性的内容。我们再回到回信精神学习的领句上"一是把个人梦想的涓涓细流汇聚成实现中华民族伟大复兴中国梦的汪洋大海"，后面可以举众多"90后"挺身而出，成为有崇高理想的先锋战士，以赤子之心回报国家和人民的例子，总结得出"崇高的理想和远大的志向是支撑他们迎难而上、奋勇向前的精神动力"，从而得出"我们要将学习奋斗的具体目标同民族复兴的伟大目标结合起来，做到小我融入大我"，这样就可以深度解读领句，阐释内核。

第三，前后共呼应，对象需精准。宣讲最后一部分的体量不是很大，讲到这里时，效果也基本有了大致判断，这一个部分主要的功能是锦上添花，但要注意两个方面。

一是前后呼应的问题。开篇提出了主题，收尾我们就要做到"卒章显志"。经过一番论述，在文章结尾时要鲜明地肯定主题，给听众以确切的答案。在这里给大家一个建议，最好的呼应方式是准确引用，用题目的相关背景内容进行引用呼应。比如，仍然以给北京大学援鄂医疗队全体"90后"党员的回信为例，我们在收尾怎么回应"让青春在党和人民最需要的地方绽放绚丽之花"这一主题？可以采用的一种回应方式是进一步引用总书记的殷切嘱托"在为人民服务中茁壮成长、在艰苦奋斗中砥砺意志品质、在实践中增长工作本领"，加深对于问题的阐释。二是聚焦对象的问题。理论宣讲的题目中，一般会有明确的范围，请你面向"预备党员""学生干部""大一新生""西部计划志愿者"等特定对象进行群体宣讲，我们就要在呼应主题的同时，针对一类学生的普遍性特点，做好引导，实现精准对焦。比如，同样是"在为人民服务中茁壮成长、在艰苦奋斗中砥砺意志品质、在实践中增长工作本领"的收尾，我们就可以结合特定群体的特点做具体、具象的指导，真正做到实而又实。

第四，是一类特定主题的宣讲。比如，解读"四个全面""四个正确认识""两个一百年"等特定主题时，除了按照上述的建议进行凝炼，在收尾时一定要阐释其中的内部逻辑关系，然后再进行具体对象的引导和收尾联系的呼应。比如，"四个自信"主题的理论宣讲，我们就要在收尾时进行分析阐释"文化自信是基础和源泉，理论自信是灵魂，制度自信是根本，道路自信是表征"。这其实是在突出强调理论宣讲的一个要求——理论性！我们常常在竞赛类宣讲中忽视了理论性，过于强调通俗性，或者是不太容易理解理论性，其实，这种逻辑分析就是理论性，前文概括主题主线，进行本质凝炼就是理论性。总之，有了主题，宣讲就具备了旗帜鲜明、气势磅礴的基础，有了理论，才真正是在讲深讲透问题，带给听众以心理上的震动。通过综合丰富化、形象化的表现形式，有效做到入心入脑。

当然，练好理论宣讲的真功夫，是一个小火慢炖的过程，不可能立竿见影，作为辅导员，我们就要学会树立两种思维。

一种是快思维。就是对于已经明确的方向、明确的工作，对于已经具备条件的情形要先思先行。比如，提升语言文字表达能力，要从日积月累的学习做起，脑力眼力脚力笔力的修炼，一个都不能少，还是那句话：树立大江大海大格局，苦练基层基础基本功。

另一种是慢思维。对于还不是很明确的问题，对于推进有一定困难的情形，辅导员要树立慢思维。理论宣讲能力的提升是一种过程，一种阶段，要分段推进，将难点量化为每天推进的具体任务，行而不辍，才终成大事。所以，"从来没有一夜成名，都是百炼成钢，哪有什么人生开挂，不过是厚积薄发"。看似寻常最奇崛，成如容易却艰辛。将大规划分解为每天要做的具体事，然后就是坚持，这比选择更重要，聪明如你，想想是不是这个道理呢？

最后，还是让我们再一起谨记习近平总书记的谆谆教诲吧："青年有着大好机遇，关键是要迈稳步子、夯实根基、久久为功。心浮气躁，朝三暮四，学一门丢一门，干一行弃一行，无论为学还是创业，都是最忌讳的。"

第四项

科研修炼

引　子

高校辅导员为什么要做科研？

不做科研就不是好辅导员了吗？

做好了科研就能算是好辅导员了吗？

很多辅导员内心都有类似的疑问，答案见仁见智。

有些人认为，辅导员主要把学生管好就可以了，做科研就是不务正业。也有人认为，科研需要全情投入，辅导员做科研会占用正常的工作时间，耽误主业。也有人不同意，有专家就曾直言："不搞科研的辅导员，不是好辅导员；不具备科研能力的辅导员，不是优秀的辅导员。"

关于这个话题，焦点主要是如何界定"优秀"以及"科研价值"，林林总总有如下几种观点：

观点 A：有思想、有研究能力不一定等同于科研，会研究、会调查不一定要产出。

观点 B：做科研可以锻炼理性思维，也可以提升自身的理论深度，但无论如何工作一定要做实做细，这是主业。

观点 C：有研究的思维和研究能力，心思和精力重点没有放在学生身上，也难成为优秀的辅导。

观点 D：有思想，善总结，注重在总结中提高，把工作做细落实，就是优秀的辅导员。

观点 E：科研成果怎样反哺和指导实践工作、惠及学生，同样很重要。

观点 F：任何一个行业都需要研究，没有研究，工作就很难得到提炼、抬升和拔高，行业也就得不到应有的尊重；但科研不能脱离实践，否则理论研究就失去了指导实践和解决问题的意义，变成了空中文学，镜花水月。

观点 G：辅导员做科研，更多强调的是一种研究态度、一种研究意识。究其本质，就是要以思考者、追问者、探究者与反思者的姿态来看待工作中的一切现象或事实，而并非要求每一个辅导员都具有专家学者那样的品质和能力。

……

概括起来，观点大致三类：

其一，优秀很难界定，优秀辅导员的评价指标本身就是一个值得研究的话题。

其二，科研来源于实践，又服务于实践；科学研究对于改进教育实践，提升辅导员工作的科学性、严谨性、实效性等非常重要，而且必要。

其三，不做科研的不一定不是优秀的辅导员，科研做得好也不一定就是优秀的辅导员；但辅导员一定要具备做好科研的条件和能力，多观察、爱学习、勤思考、善总结，否则只能是事务机器；具备了这些条件和能力，至于做不做，怎么做，做到何种程度，如何处理科研与工作的关系，在于辅导员自身的价值偏好；具备能力，适当产出，坚守主责主业，这样既能很好地服务学生成长成才，亦可更好地提升发展自我。

这就好比高校辅导员素质能力大赛，不参加比赛的就一定不是优秀的辅导员吗？比赛成绩好的就一定是优秀的辅导员吗？显然不能等同论之。能在比赛中脱颖而出，说明具备了成为一名优秀辅导员的潜质和可能性，至于可能性有多大，还取决于辅导员自身的意愿、态度、方法、投入，等等。

但是，要成为一名优秀的辅导员，或者说合格的辅导员，起码要具备比赛所要求的素质和能力，这应该是基本的共识。

一、科研，为啥要做？

说到为什么，简单说两点。

工作岗位的必需。教学与科研之间的关系一直有各种说法，但学术研究和学术性教学是大学之为大学的本源或存在依据，这一点没啥疑问。2017 年 9 月，教育部修订出台了《普通高等学校辅导员队伍建设规定》（以下简称《规定》），进一步明确了高校辅导员的教师和管理人员双重身份，同时《规定》还将"理论和实践研究"列入了高校辅导员的基本工作职责。另外，在 2019 年"学校思想政治理论课教师座谈会"召开以后的相关文件中，也都明确提出要"积极推动符合条件的辅导员参与思政课教学"。据此看来，不论是从教师身份出发，还是从基本职责要求看，辅导员都应该提高对科研的认识，努力学习思想政治教育的基本理论和相关学科知识，积极参加相关学科领域学术交流活动。唯有如此，辅导员才有能力获得并与学生交流最新的话题与知识，也才能够以更合适的方式把教育影响传递给学生，进而实现对学生的正面价值引领，使思想政治教育工作永葆活力与生机。

自身发展的必需。近些年来，教育部以及各高校为辅导员的"专业化""职业化"发展搭建了众多平台，当前国家相关政策也是要把辅导员作为一个可终身从事的职业。"专业化"是建立在专业性的基础上的，没有精专的科学研究，何来专业性可言？[1]试想，如果辅导员在工作了八年、十年，甚至更长时间后，依然不能在某个领域有所见长，如何能得到应有的尊重，又如何能在教学科研主导的高校找到自我存在的认同感和归属感？辅导员只有努力提升自身的科研水平，才能从日复一日的繁忙工作中解脱出来，更好地把握思想政治教育工作的规律性和时代性，进入学校育人的主战场，进而在人才林立的高校为自己寻得一席之地。当然，还有一点不得不提，那就是科研能够

---

[1] 沈壮海：《辅导员如何做科研》，《思想政治教育研究》2012 年第 3 期。

为辅导员突破职称职级晋升天花板提供必不可少的助力，这也是很多辅导员普遍关心的现实问题。

顺便说说"破五唯"，有些人还是多少有点儿误解。所谓的"破五唯"是指不简单把论文、专利、承担项目、获奖情况、出国（出境）学习经历等作为限制性条件，但不是一点不要，不能矫枉过正。简单说，只是"不唯"，不是"不要"；不能"只看"，不是"不看"。

二、科研，为啥难做？

一般说来，辅导员做不好科研有三种情况：一是没意识，没想做；二是不愿意，不想做；三是没方法，不会做。

不同的情况，类似的原因。

认识的问题。高校思想政治教育工作是一块宝藏，大有学问。高校辅导员身处学生工作第一线，是学生思想活动中各种新问题、新特征最敏锐的把握者和感受者，这为科学研究提供了丰富的素材和视角，如果不能很好地利用，让日常管理工作与科研工作相互促进、相互支持，着实可惜。然而，现实中不少辅导员满足于管好学生，认为科研不过是为升职晋升所迫，学术水平高低与工作能力没有正向关系；还有一些辅导员把科研看作是阅读枯燥的理论文章，不愿在上面花费太多时间，也不愿牺牲自己的休息时间读文献、做调查、理构思。当然，看论文、写论文、发论文确实是科研的一部分，但也只是一部分。掌握科研的思维和方法，培养独立思考和探索创新的精神，提升凝炼问题、分析问题、解决问题以及总结归纳的能力，这是科研更重要的意义。如果辅导员都不能正确看待科研，又何谈去启发和培养学生的创新思维和创新能力呢？

话语的问题。很多辅导员一直在坚持写网文，从人人网到 QQ 空间，从博客到公众号，一个都没落过。有些辅导员运营公众号甚至成了自媒体大 V，其撰写的文章频频被官微转载，不少人因此收获了"全国高校辅导员年度人物""全国百名网络正能量榜样""全国百篇网络正能量文字作品"等荣誉。还有一些辅导员将自己多年积累下来的网文结集出版，获得了同行及学生的好评。从这个层面上看，很多辅导员是具备做好科研的各种要素条件的。即便如此，不少人还是对科研存有畏惧心理，常常谈科研色变。究其原因，写论文不同于写网文。与论文强调思维的精深与逻辑的周延相比，网文更看重用学生喜闻乐见的话语表达去关注和引导学生不同层次的发展，这是两个不同的话语体系。写网文、出书可以自成一派，今天写的文章，明天早上阅读量过千，甚至过万，偶尔还能 10 万 +，收益期待可以在短期内实现，这样很容易找到自己的位置，成就感、价值感自然也就有了。而面对学术圈的各种评价指标，想要杀出重围，找到自己的立足之地，就长路漫漫了。

能力的问题。一方面，现代学术的传统和范式主要来自西方，我国中小学语文课传承的是传统的语文训练，学生接受的写作训练以及学到的写作技巧，更多的是文学写作，而不是学术写作。到了大学阶段，很少有学校开设论文写作课程，学生只能靠导师有限的指导、各自的悟性自行其是。① 另一方面，虽说辅导员大都是硕士研究生毕业，但大部分辅导员学科背景与思想政治教育多学科的属性之间匹配度不高，在应对大量繁杂的事务性工作之余，很难尽快掌握思想政治教育学科研究的范式和方法，更难以谈及系统提升理论水平。客观地讲，一些辅导员的科研意识和科研能力还是比较薄弱的，发现问题、查阅文献、总结归纳、研究设计、组织实施、学术表达等方面的能力仍有一定的提升空间，尤其是发表高质量的学术成果方面更是需要突破。同样的环境，同样的学校，做的近乎同样的工作，也都很辛苦，但有的辅导员有成果，有的辅导员没成果，原因何在？学术能力固然是一方面，主观能动性不够，科研悟性不足，站得不够高，看得不够远，把辛苦转化为成果、把经验上升为科学的意识与能力不强亦是重要原因。

坚持的问题。科研是一个煎熬的过程。以发表一篇 CSSCI 来源期刊论文为例，从写作、投稿到录用、见刊，往往要耗时大半年甚至一年多。如果幸运的话，盯住一本期刊，及时修改，差不多也要半年时间才能完成从投稿、退修到录用的全过程。论文正式录用后，同样需要反复修改、校对，才能得以正式见刊。这样的过程，不免让很

---

① 吴国盛：《学术写作的三大意识》，《学位与研究生教育》2021 年第 7 期。

多人望而却步，如今别说 CSSCI 来源期刊，就是质量好一些的普刊，要求也是越来越高，发表难度越来越大，这也因此成了不少辅导员不愿意做科研的理由。类似这种"妨碍"科研行为的因素还有不少，比如"我找不到时间，每天都太忙了""等放假有空了好好静下来写""现在理论功底还不够，得先看看书"……乍一看，这些理由都挺有道理，问题是科研并不是"找时间"，而是"排时间"。高效的写作者都会制定一份时间表并严格遵守，把握节奏，循序渐进。如此持之以恒地专注下去，日积月累，自然会守得云开见月明。

三、科研，如何能做？

到这里，相信很多人会问，辅导员究竟能不能做好科研呢？

能，肯定能。

因为我们有实践，有实践就能出经验，有经验就能出方法，有方法就能出成果。

这个逻辑不复杂，环环相扣，步步为营。

很多的"学术研究"起点就是对自身实践和现实中具体问题的反思与总结，而处理总结凝炼的研究结果与观点在强化以后，又可以反过来影响和指导实践工作。

这就是"从实践中来，到实践中去"。

那么，辅导员做科研有没有什么捷径呢？

没有，确实没有。

没有捷径，但有方法。如果要说科研方法，应该就是"三用"：用心、用情、用力，用心思考，用情育人，用力探究，路遥知马力，功到自然成。

（一）说说选题

做科研碰到的第一个问题就是选题，选择什么题目开展学术研究，这是探索问题的起点，也是动笔写作的第一步。

选题听起来深奥，其实不复杂，简单说，选题就是"问题"。科学研究起源于"问题"，可现实的问题就是很多辅导员的研究没有"问题"，或是完全看不见"问题"，抑或是"问题"不明确，抓不住"问题"，那表明还没有进入研究"状态"。

经常会有辅导员问现在什么选题比较好发，如果反过来问他们想要研究什么问题？他们会随口列出一些关键词，比如"四史"教育、劳动教育、立德树人等等。这些关键词严格说来只是研究对象，并不能算研究问题，通过研究对象来确定研究问题，才算研究的开始。

如果还不清楚，不妨来看个例子，想必看完很多人会明白什么是"问题"，为什么一定要有"问题"。

学生：老师，我打算以大学生第二课堂为选题。这个研究有意义吗？

老师：问题是什么？没有问题，还不能说有选题，更不可能知道研究是否有意义。

学生：问题就是大学生第二课堂。

老师：这不是问题。在大学生第二课堂方面，你发现什么问题吗？

学生：没有，刚刚做完文献综述。老师，先帮着看看我做的文献综述，好吗？

举这个例子，是想说，学术研究必须先有问题，而且必须是真问题；研究对象并不等于研究问题，走完从"研究现象"到"研究对象"再到"研究问题"的距离，才算研究的开始。

三者之间的差异怎么理解，再举个例子。

研究现象：2019 年 3 月 18 日，习近平总书记专门主持召开学校思想政治理论课教师座谈会并发表重要讲话；2019 年 8 月 14 日，中共中央办公厅、国务院办公厅印发《关于深化新时代学校思想政治理论课改革创新的若干意见》。

研究对象：学校思想政治理论课。

研究问题：思政课与其他课程同向同行的逻辑前提与路径优化。

社会科学的很多研究都缘起于某种现象，比如上面这个例子。从习近平总书记专门主持召开学校思想政治理论课教师座谈会，再到中共中央办公厅、国务院办公厅印发《关于深化新时代学校思想政治理论课改革创新的若干意见》，毋庸置疑，这在传递一个信息，国家要重视学校思想政治理论课教学，这是一种研究现象。但如何透过这个现象去选择要研究的对象，进而确定研究问题，这是一个渐进的过程。这就好比勘探队找矿一样，踏遍青山，才能找到想要的宝藏，这是要付出辛勤努力之后方可达到的目标。①

有人说一个好的选题就是论文成功的一半，那么，究竟如何选题？

第一，不要请人出题。偶尔会有辅导员问道："你科研做得好，又有很多想法，能不能帮我想一个选题？"还有的辅导员会问："你觉得我的论文选个什么题目好啊？"其实，请人出题，很难有好的选题；你的论文，别人怎么知道选什么题目好呢？每个人的积累、阅读和解读能力都有差异，关注点和兴趣点也不同，有些选题对别人而言是个好选题，对自己则未必。把别人想好的选题拿过来，虽然省去了自己选题和论证的烦恼，但极有可能因为对选题不感兴趣，或无法驾驭而无疾而终，其结果必然是浪费了一个真问题。因此，一个好的选题，必须得靠自己去捕捉或寻找。别人只能在你的论文初稿完成后，对论文标题能否反映研究内容，逻辑间架构是否严密，理论阐述是否完整等提出一些修改完善建议。

第二，体验产生选题。选题最好来自于自己的体验，工作体验、学习体验、研究体验都可以，由体验到反思，由反思而升华。有了体

---

① 晁福林：《关于论文写作的十个重要问题》，《历史教学（下半月刊）》2017 年第 8 期。

验，就容易发现问题，就容易有较大的研究兴趣和研究动力，愿意倾注热情去完成它。有了体验，确定了研究方向，接下来就是如何将问题缩小至可解决的范围，同时规模又足以做出一篇论文。比如前面提到的"学校思想政治理论课"这一话题，如果你觉得实现学校思想政治理论课创新必须着眼于"大思政"格局，完善课程体系，你已经迈出了研究的第一步。再接下来，你又认为"推进思想政治理论课与其他课程同向同行"是重要的研究课题。那么恭喜你，你已经成功地选择了一个好问题，一个真问题，可以正式开始你的研究了。

第三，深度挖掘选题。论文选题，谁都知晓"小题大作"的道理。如果选题很大很虚，一是时间不够，二是很难讲透，因此需要不断地缩小选题的范围，否则就会陷入漫无边际、泛泛而谈的误区。当然，选题好坏也是一个相对的概念。中南大学张少雄教授将论文选题比喻成挖井找水，坚持深挖下去，只要不是方向完全找错，挖到一定深度，自然就会找到水。一个选题，说其陈旧，或空泛，或没有意义，或不具可行性，往往是说当前状态，是说已经呈现的状态，并不是说未来的状态，也不是说可能呈现的状态。明智之举是深度挖掘，挖到一定程度时，在他人未触及之处，有所见，有所得，自然就能得到好选题。

第四，围绕热点选题。围绕热点选题对辅导员的理论功底要求比较高，因为一般的热点都不会是自己长期关注的问题，所以很难有太多的积累，文献资料也少。但通过关注国家重大战略规划、各大权威学术网站，或透过社会热点事件和典型案例来发现选题，能够保证这一选题的用稿期刊比较多，提高录用率，也能避免在选题这一关就被毙的风险。当然，追热点一定要保证速度，如果拖沓太久，则会错失最佳时机，等论文写出来时，要么热点已不热，要么相关成果已经大量产出。追热点也不是没有坏处，比如容易泛化，写不出新意。加之期刊一般会围绕热点选题提前向学界大咖约稿，像改革开放 40 周年、新中国成立 70 周年、建党 100 周年等。因此，如果没有独特的思想或见解，也没有深厚的理论功底，还是应该理性看待热点。

第五，立足岗位选题。实践出真知，但是把实践经验转化为学术论文，做到理论与实践相结合，并不那么容易。因为实践经验写不好就是工作总结、调研报告，而非学术论文，其虽有一定的现实指导意义，但往往缺乏学理性和科学性。前面提及，辅导员身处学生工作第一线，接触的是真实的教育情境，每天面对的是思想最为活跃的大学生群体，能够获得第一手资料和数据信息。因此说，辅导员有着以问题为起点开展研究的足够优势，处在把握"真问题"的前沿。[①] 在这个过程中，一定要分清哪些是问题，哪些是真问题，在解决实际问题过程中提高工作成效，丰厚知识素养，持之以恒地输出能够推动工作、指导工作的鲜活理论成果，这才是辅导员从事科学研究的价值意义所在。

---

① 沈壮海：《辅导员如何做科研》，《思想政治教育研究》2012 年第 3 期。

说一千道一万，选题要围绕自己的感受和兴趣展开，要有创新点可挖，小题目做大文章，对于已经定下的选题，如果遇到困难无法进行下去，应选择继续深挖细掘，不宜匆匆换题，如确实不具可行性，也应当机立断，尽快调整。

（二）说说文献

在论文写作过程中，参考文献是比较容易被忽视的一个细节。

选题确定的过程中，通常已经对这个方向的前沿进展、研究动态有了初步的把握。接下来便是通过大量阅读文献，对有关这个问题资料进行广泛的考察，为自己的选题寻求切入点和突破点。在前人思考过的地方，发现重新思考的空间，这是对学术的尊重。沈壮海教授曾说过，不读文献就下笔充其量只能是"写作"，而不是"研究"。不读文献，就提不出问题，即使提出了问题，那也不是真问题，或者是别人已经解决了的问题。这样的选题只会是重复劳动，没有价值和贡献可言。

那么如何衡量文献功夫足不足？我们聊四个方面。

首先是文献搜集。梁启超曾说："资料，从量的方面看，要求丰备；从质的方面看，要求确实。所以资料搜罗和别择，实占全工作十分之七八。"可见文献搜集在研究中的重要性。在如今的大数据时代，搜集文献的方法很多，需要用心去想办法，有的人思路开阔，会想办法找到目标文献；而有的人思路办法有限，文献搜集的路径就比较单一。获取科研文献的最主要途径是通过各大文献数据库检索，如知网、万方、维普、国家哲学社会科学文献中心、超星学习通等中文数据库，《新华文摘》《中国社会科学文摘》《人大复印报刊资料》《高等学校文科学术文摘》等优秀论文转载平台，以及 Web of Science、Springerlink、ProQuest、NCBI、EMBL、EBSCO、CALIS 等外文数据库。除了上述专业学术网站数据库外，如果想要获取年鉴数据、行业数据等宏观方面的资料，还需要从一些行政主管部门网站、国际组织网站以及一些公共网站或数据库去查阅。此外，中国政府网、教育部政务网的信息公开与政策专题，也是很好的学习和研究资源，可添加到收藏夹，以便随时查阅最新政策、信息。

文献的搜集除了上面诸类方法以外，我们每天也会通过微信公众号、朋友圈、QQ 群、微信群等渠道接触到各种信息资源，因此也要学会利用碎片化的时间从海量的资源中鉴别出对自己有用的信息，并根据已有文献扩充文献范围。特别值得注意的是，一定要选择权威媒体发布的资源，对一些转发的文献要追根溯源，找到信息的第一现场和权威出处，比如网络信息要看中国政府网、新华网、人民网等。当然，如何利用合适的关键词找到自己想要的文献，如何通过文献追踪文献，把一些看似不相关实则很重要的资料串联成自己想要的学术资源，来支撑自己的研究，这不仅要看我们对选题的认识程度以及研究思路，还要看我们的知识积累和信息敏感度。所谓登高望远，所谓厚积薄发，须臾间之所得，往往是日积月累之偶发。

就选题找文献，按学科查文献，一般很难出新，往往还需要有跨界思维、发散思维，这样才能避免就现象谈现象，就问题谈问题。

比如前面提到的"思政课与其他课程同向同行的逻辑前提与路径优化"，这是一个很好的选题。拿到这个选题，估计不少人会用"思想政治理论课""思政课""同向同行""路径"等关键词来检索文献，这是最容易想到的思路。要知道，同一个选题可以有不同的切入角度。认真分析不难发现，这个选题其实涉及学科协同交叉融合、思想政治教育功能、价值认同、课程思政、协同育人等维度，那么如何去检索文献，其实主要取决于我们对研究问题的理解程度。从理论视角看，选题可能还会涉及协同理论、生态位理论、组织域理论等，如果基于现在比较热的共同体理论来阐释，又可以拓展到政治学、社会学、经济学、教育学等多学科领域的相关研究。如此一来，论文就有了丰厚的文献资源和理论支撑了。当然，并不是一定要在论文中用到这些理论，而是可以通过阅读这方面的文献，给自己打开一些不同的方向和思路。

其次是文献筛选。文献是永远读不完的，海量的文献资源如何精准筛选，为我所用，同样需要一些智慧。很多编辑往往会通过参考文献来初选论文，因为读完参考文献目录，就能大体判断一篇学术论文的质量和价值了。同时，参考文献是否规范也能反映出作者的治学态度。如果把写论文比成"盖房子"，那么参考文献就是砖瓦钢筋混凝土，所谓"巧妇难为无米之炊"，建材不行，如何支撑起一座好房子呢？

　　举个例子，你给某普刊的大学学报投稿，那么你的参考文献来源期刊应高于这个目标期刊，至少也是不低于，毕竟"取法乎上仅得乎中"。所以参考文献应该主要是 CSSCI 来源期刊，可以是北大核心期刊，或者是同一水平大学的学报。当然，适当有几条比目标期刊层次低的专科学报文献也不是不可。再坦率一点说，参考文献中最好能有 1—2 条目标期刊的参考文献，这至少说明你是关注人家的，说明你的研究也是与他们前期所刊发成果之间有互动对话的，这个道理不复杂。

　　回到如何精准筛选文献上来。文献的种类有很多，在筛选文献时，要注意上述各种文献的比例均衡。有些期刊会对参考文献提出明确要求，如要求参考文献数量以 20—30 篇为宜，近 5 年参考文献占比不低于 50%，国外文献占比不低于 30%。当然这种要求因刊而异，如果大家不好把握各种文献的比例，这里有个"经验标准"可供参考，以 30 篇参考文献为例，可以参考如下安排，比如专著 5 篇左右，外文文献 5 篇左右，期刊文献 15 篇左右，其他文献 5 篇左右。这只是一个大致的体例，要根据论文的不同进行调整，比如你要是做比较教育研究，那可能国外文献比重就要大一些。

　　专著以传统的学术经典为主，报纸以"三报一刊"（《人民日报》《光明日报》《经济日报》《求是》）和《中国教育报》等为主。期刊文献重点推荐 CSSCI 来源期刊和北大核心期刊，当然，如果这两类文献数量不足，可以扩展到普通期刊文献，这就需要我们进行人工识别了。顺便分享一个如何鉴别普通期刊质量的方法：普通期刊首选季刊、双月刊，次选月刊，其中优先选择每期发文 30 篇左右、页码在 120—150 范围内的期刊，那些每期发表上百篇甚至几百篇论文的期刊，建议慎选或者最好不选。

再次是文献更新。论文初稿完成后，要有一个修改的过程，可以一直修改到正式发表出来之前。我们对一个问题的认识会不断深化发展，有可能在研究下一个选题时偶得一篇很好的文献，这时我们需要立即打开上一篇论文，对其进行修改和补充。对此，我们来看看马克思的故事。马克思在撰写《资本论》时，遍读了当时西方各国全部有关经济的资料，可以说，马克思对相关研究资料尽可能全面掌握的这种治学规范，贯穿于《资本论》的撰写全过程。《资本论》第 1 卷定稿于 1867 年 3 月，4 月交给出版社，9 月正式出版。在定稿到正式出版前的几个月中，马克思仍然在不断地对书稿进行修改和补充，以至于把截至 1867 年 8 月 12 日的最新经济资料都补充到了书中。[1] 马克思何以在理论建构上能够达至山巅，由此可见一斑，这是我们学术研究的典范。

当然，把所有相关选题的文献全读一遍不容易，但重要的、有代表性、最前沿的文献，一定要考察借鉴，否则就很难说是一个合格的研究者。举例来说，如果写关于劳动教育思想的论文，对于马

---

[1] 沈壮海：《辅导员如何做科研》，《思想政治教育研究》2012 年第 3 期。

克思、马卡连柯、凯洛夫、苏霍姆林斯基、毛泽东、邓小平等有关劳动教育的思想、理论，必须进行深入的研究。此外，对于新中国成立以来不同时期劳动教育概念的演变历程，以及不同历史背景下劳动教育概念的内涵与外延，要进行细致的梳理廓清。尤其是进入新时代以后，习近平总书记关于新时代劳动和劳动教育的重要论述，更要注意把握。只有经过这样广泛的文献阅读之后，才能写出有价值的论文来。研究别的主题，道理也是一样的。

最后来说说文献管理。互联网时代，我们非常有必要学会进行信息分类和存储。在阅读文献之前，我们可以建立一个研究状况的框架，之后通过阅读高质量的文献来不断丰富这个框架。阅读过程中要做好笔记，如做摘要、批注、卡片等，详细、系统地记录每篇文献中研究的问题、目标、方法和结论。还可以将每篇文献按照研究的主题或相关性进行关键信息点提取，以后可以用这些关键词串起整篇文章或相关文章，这样也方便后期及时提取文献内容，知道这篇文献的有用信息在哪里。此外，对搜集的文献进行条目存档也是很有必要的，根据一定的标准将文献分类划分后，放在不同的文件夹中，以后有新的文献及时放进去，以便后续研究时有针对性地选取引文。

（三）说说撰写

选题定了，资料搜集得差不多了，接下来该谈谈如何动笔写作了。

学术论文是某一学术课题在实验性、理论性或观测性上具有新的科学研究成果或创新见解和知识的科学记录，或是某种已知原理应用于实际中取得新进展的科学总结。因此，学术论文必须运用科学的原理和方法，提出问题、分析问题、解决问题，究竟解决哪些问题，必须明确地提出来。① 先来看一个例子：

论文题目：《大学生劳动价值观现状及提升路径》

提出问题：什么是劳动价值观？劳动教育的本质是什么？当前"95后"部分大学生在劳动价值观上存在哪些问题？

分析问题、解决问题：采用问卷调查和个别访谈的方式，对四川省7所高校2100名在校本专科学生进行调研，并采用SPSS19.0系统分别对各项数据进行统计与分析；根据获得的大量数据资料，进行深入细致分析，形成观点，引出结论。

在这篇论文中，作者开篇以2018年9月10日习近平总书记在全国教育大会上的讲话引出话题，阐明了劳动教育的重要性与必要性。接着，作者以对四川省7所高校2100名在校本专科学生的调研为基础，对当前"95后"部分大学生在劳动价值观上存在的一些不容忽视的问题以及形成这些问题的原因进行了剖析。最后，作者以社会、

---

① 王力、朱光潜等：《怎样写学术论文》，北京大学出版社2000年版，第91页。

高校、家庭、个人等四个层面为着力点，提出了有效提升当前大学生劳动价值观的路径。

这篇论文有调查研究，有科学论证，也能切中要害地解决实际问题，结构完整，逻辑展开收放自如，一环扣一环，算得上是一篇成功之作。要说论文还有什么值得改进的地方，那应该就是文献综述、样本选择和关键词的撰写。如果将文献综述比喻成一幅地图，通过这张地图，作者可以清楚地描绘出研究点的坐标以及同其他研究点的距离、方位（也就是关联性），同时，作者还可以在地图中清晰地标识出为什么要去这个位置、将来可能在这个位置做些什么。这么看来，从现实中发现问题后，通过梳理已有文献，可以让提出的问题更加清晰、更加科学，也可以让读者清晰地了解到研究的重要性和创新性。

论文的内容和形式是辩证统一的关系。[①]因此，论文的内容必须充实，而形式也不可不讲究，唯有千锤之，百炼之，方可偶得之。许广平回忆鲁迅写作时说："鲁迅在写一篇稿件以前，常常有一个很长的酝酿时期。有时候遇见朋友，他就会谈起来，说他看到了什么材料，想写个什么东西，有时候也不讲，静静地读书，默默地思考，或者暗自打腹稿。"[②]仔细观察你会发现，那些高质量、高水平的论文，往往都是结构完美、逻辑性强、文字表达精炼确切。所有这一切，没

① 别敦荣：《论教育学术论文写作》，《四川师范大学学报（社会科学版）》2017年第4期。
② 王力、朱光潜等：《怎样写学术论文》，北京大学出版社2000年版，第101页。

有认真严谨的写作态度以及近乎痴迷的写作热情，显然是做不到的。

这里要强调一下，对于尚未录用的论文而言，将面临编辑、外审专家、主编等层层把关和审核，如果标题、摘要和关键词不能体现研究的精华，就很有可能得到一个较差的审稿结果。加之目前搜索引擎的数据库往往是将论文标题、摘要和关键词作为检索匹配内容，因此，为了能够增加论文被录用、被检索、被引用的概率，必须在论文标题、摘要和关键词上下功夫，以方便同行检索和阅读。

先说说标题。论文标题，犹如人的脸面，要棱角分明，轮廓清晰，一眼就能给人留下印象。在如今的数字网络时代，期刊多如牛毛，学术文献汗牛充栋，论文标题能否引起别人的兴趣并进一步阅读，就显得格外重要了。文章写了有人看、有人读，才有所谓影响力，也才能传播观点，传承学术。许多期刊对论文标题字数有限制，这就要求我们的论文标题必须避免多余的、不相关的字眼，要直奔主题、直击要害、言简意赅，让读者看了题目后就能大概了解论文的主体观点和讨论的关键问题。尤其需要提出来的是，论文标题中不应包括太多的关键词，不能使用生僻的符号、简称与缩写等。

来看这么一篇论文，《上好大学值得吗——对大学质量回报的估计》，论文主标题提问题，副标题讲内容。乍一看主标题，很多人可能会认为这是一篇网文，这样的标题不仅充满趣味性，而且非常简明、具体、确切，形成了独特的思想，即考察劳动者所上大学的质量对其工资收入的影响，评估上一所好大学能给个人带来多大的经济收益。

再举个例子，《人工智能在思想政治教育中的应用前景和价值前提探析》。人工智能是当前学界研究的一个热点，在很多场景中得到了应用，但进入思想政治教育学科视野的研究不多，检索到的文献尚不丰富。这篇论文最大的创新在于通过分析人工智能和思想政治教育之间的关联，结合人工智能和思想政治教育的各自特点，来说明人工智能在思想政治教育中的应用前景，以及在思想政治教育中如何合理地应用人工智能。因此，文章兼具理论价值和实践意义。

举这些例子是想告诉大家，一个恰如其分的论文标题，对于传达文章思想和主题的贡献非常大。相反如果论文标题不能清晰明确展示出研究的最主要内容，很有可能会让你的研究成果湮没在海量信息之下。当然，也有不少论文在标题处理上做得不够好，甚至让人摸不清研究重点是什么，自然也就无法激起别人阅读的欲望了。比如《"课程思政"视野下高校思想政治教育课程教学存在的问题及质量提升路径研究——基于××大学的个案考察》，这篇论文的标题，算上标点符号接近50字，估计发表出来两行都排不下，包含的信息太多，以致无法使读者一目了然，就应该再精炼些。

再聊聊摘要。呈现论文的独特思想，一靠标题，二靠摘要。作为一篇论文的"第一印象"，摘要是对论文观点的浓缩，其作用是让读者在没有阅读全文之前就能获知论文主要内容，还可以作为完整短文供文摘与论点摘编等二次文献采用或独立存在。同时，摘要还有利于读者进行学术文献信息检索，能够让关注该领域的学者"呼之即出"。

问题来了，摘要在写作上的一般结构应是什么？

举个例子。

论文标题：《思想政治教育者形象的时代塑造》

摘要：思想政治教育者形象是指教育对象、社会成员等群体对教育者的认知、印象和评价的总和。在逻辑上，思想政治教育者形象是客观要求与主观建构、理想预设与现实转化、个人风格与群体形象的辩证统一。在实践中，教育者以立德树人的时代使命为根本遵循，展现出明道守正的"传道者"、学高博识的"教书匠"、至仁至义的"大先生"的时代形象。要通过激发主体自觉、紧抓专业研修、搭建宣传平台、优化公众评价等路径塑造思想政治教育者形象，为培养时代新人提供可靠的主体力量。

看完这个例子，我们来总结要点。

摘要的结构由目的、方法、结果及结论四部分组成，要以第三人称写出论文的主要观点，不能包含评价性语句，不宜出现"本文"等字样，也不要重复某学科领域已成为常识的内容，或去描述论文的背景知识及写作过程。基本写作流程如下：首先高度概括研究目的和研究内容，接着阐述相关研究方法，最后摆明研究的结果与发现，并逐条罗列出结论。

进而言之，摘要是一个具有独立性和自含性的短文，要通过摘要把论文的基本观点简明扼要地展示出来，能让读者一眼看出这篇论文想说什么，以便迅速判断该文是否值得细读。总之，摘要的功能在"剧透"，而不是"预热"。

我们再举几个反例，供大家参考加以避免。

反例：

本文简述……，分析……，揭示……，在此基础上，指出……。

本文第一步……，第二步……，第三步……，最后……。

本文共分五章，第一章……，第二章……，第三章……，第四章……，第五章……。

……是……重大问题。本文介绍……，展示……。本文还简述……，并且指出……。

这里还要特别提醒一点，一定不能把摘要写成了引言，更不能简单粗暴地把论文开头几句话拿来做摘要，这是摘要写作经常出现的错误。引言只是交代论文的研究背景、研究意义、研究目标等，并没有给出研究结论，无法起到摘要的作用。读者面对一个只有"愿景"而没有"结果"的摘要，很有可能会因为摘要的含糊其词而丧失继续阅读的兴趣。[1]

---

[1]　吴国盛：《学术写作的三大意识》，《学位与研究生教育》2021 年第 7 期。

再谈谈关键词。关键词反映的是论文的主题内容，是从论文中选取出来的最能代表该论文的单词或术语。主要用来快捷、有效、精准地检索出自己想要的论文。关键词的选取不能限于论文标题，还需要从摘要和正文中选取。

哪些词能做关键词，是很有讲究的。关键词必须是名词，不能使用动词、副词和形容词，且不能有修饰，亦不能使用并列词。如"……的……""……与……"等。一些论文标题上出现的过于抽象、过于普通、不能表征研究内容的词语，诸如"分析""模式""高校""思政""教育"等等，是不能单独做关键词的。一些不具有学科性质的通用词语，如"理论""方法""问题""思考""对策""策略""措施""发展""研究""路径"等，它们运用于不同学科、不同领域，所指示的对象往往千差万别，缺乏专指度和唯一性，所以也不能选为关键词。

如果还不清楚，那就再说一个最简单的衡量可否做关键词的办法，就是假如一篇论文发表出来了，把它的任何一个"关键词"输入搜索引擎，都能很容易查到这篇论文。特别补充说明一点，关键词一定不能是标题的重复，这一点很容易被忽略。来看几个例子：

例1：《高校思政"金课"建设：困境、标准与路径》

关键词：思想政治理论课；金课；信息技术；传统课堂；

慕课

例2：《论劳动教育的实践取向》

关键词：劳动教育；儿童；自然；生活；共同体

反例 1：《高校辅导员思想政治教育话语体系特性研究》

关键词：高校辅导员；思想政治教育话语体系；特性

反例 2：《新时代高校志愿服务育人功能及实现路径探析》

关键词：高校；志愿服务；育人功能；路径

不难看出，前两个例文中关键词都是具有实际意义的单词或术语，能够很好地表征研究内容。相反，后两个例文的关键词都是对论文标题的重复列举，尤其是"现状""路径""提升路径"等词语并不具有学科性质，难以准确反映论文内容，将大大降低文献检索的精准度。

最后说说修改。"文章不厌百回改，反复推敲佳句来。"好文章都是改出来的。所以有人说，写作是一门令人遗憾的艺术，因为改到最后还是可以改得更好。

养成认真、严谨的写作习惯与写作态度，很重要，当然也不容易。我们写论文的起点，往往只是一些想法，或者是读书看论文之后的一点感悟，这时候就要留意把它记下来。等到积攒多了，主题确定了，开始操刀动笔了，就开始一段一段地撰写和修改。总的来说，论文写完后，每句话都要反复推敲打磨，写的时候每写完一段，可以回过去读一遍，边读边改；写完下一段，再把前边的所有内容连起来读，然后接着改。如此反复操练，就成了习惯，也一定会有成效。如果有时苦思冥想依然写不出满意的内容，也可以及时停下，干点别的，出去散散心，或者干脆就停一停休息休息，第二天再来。往往就在某一时刻，甚至在睡前醒后的某个瞬间，突然就凝练出了某句话或某个框架结构。

论文初稿完成了，并不代表就万事大吉了。论文初成，头脑往往处于兴奋状态，思想也常常陶然于论文的内容之中，此时急着修改，往往很难发现问题。在这种情况下，不妨将论文暂时放一放，过两天拿出来对全文作大体上的通读、朗读，删掉一些重复或可有可无的字、词、句，进行"小修小补"。然后放上三五天再拿出来修改一遍，删除枝蔓，突出主线，查改论文逻辑等不通之处，对论文的间架布局进行微调。

如是再三，一篇论文经过多次修改，就可以带着几分信心考虑下一步了。

（四）创新究竟难不难

评估一篇论文优劣的标准是什么？主要是看其是否具有创新性和可行性。

谈到创新，可能有人心中有些疑问：那么多论文怎么可能每一篇都有创新？说的没错，创新意识不够、创新能力不足、原创性成果少确实是比较普遍的问题，这不正说明创新的重要性吗？物以稀为贵，别人没创新，你有创新，你的研究成果自然便会脱颖而出。

可能有人又会说，我刚入职不久，还是个科研小白，写篇论文都困难，创新就更别提了，咋办？

不急，我们先来看看怎么才算是创新。

第一种：提出新的命题、运用新的方法、得出新的结论、提出新的建议。

第二种：通过文献梳理，提出新的命题，供后来者验证和解释。

第三种：根据已有命题，采用不同的研究方法和数据，得出不同的结论，并解释清楚原因。

其实，创新其实有很多种，理论创新、案例创新、方法创新、观点创新、结论创新……只要功夫到，总有一款适合你。

有没有什么好的方法可以让我们的研究更具创新性呢？

分享两种方法，一是"导论思维"，二是"填空思维"。

先说"导论思维"。学术专著或者学位论文一般都有导论部分，介绍研究问题背景、研究现状、研究意义以及创新之处，之后提出研究假设，这种"导论思维"的行文方式对论文写作具有很大的参考和借鉴价值，不妨一试。

而"填空思维"对科研入门者来说很有用。坦率地说，辅导员并不缺少想法，提出一个原创性的问题不难，难的是如何将原创性的问题变成原创性的成果。这时不妨学习借鉴别人的研究思路和写作风格，用别人的"身体"来装自己的"灵魂"，这样也能保证自己论文的逻辑和方向不会偏。

多说一句，任何研究的开展都是从模仿开始的，有模有样之后，再不断超越，寻找自己的写作方式，形成自己的写作风格，而创新则是"修炼"过程中的"水到渠成"。

（五）行动思路

很多辅导员平时想法很多，思维也很活跃，但是要把这些想法有逻辑地串联起来形成一篇完整的学术论文，却没了头绪。这一方面取决于学术功底，另一方面取决于研究态度。

有些辅导员是矛盾的，希望写出高质量的论文，发表高水平的期刊，却又不愿意在研究上下功夫。有些辅导员虽然坚持在写作，但不善于运用理论，简单地凭经验或感觉讨论问题，这样写出来的论文多是感性的、经验总结式的"豆腐块组合"，缺乏问题意识和理论深度，因此也难以达到高质量期刊的要求，长此以往自信心受挫，进而产生科研焦虑。还有一些辅导员，只要科研上遇到一些困难就退缩，然后寄希望于托熟人、找中介。但问题是现在期刊对论文质量要求越来越高，不管你找谁，论文质量都要达标过硬。至于找中介那就更要小心了，文财两空的、纠缠不清的、留下隐患的，比比皆是。

其实科研上遇到一些困难是很正常的事，尤其是刚入职的年轻辅导员。辅导员工作零碎繁忙，不可能有太多大块完整的时间去做科研，如果真的有大把时间专门写论文，那说明其他本职工作方面的精力和情感投入可能打了折扣。但时间就是这样，只要愿意挤，总是会有的，我们也不会永远在忙。因此，更重要的问题是要学会科学安排科研时间。比如平时可以利用工作间隙，把所思所想和小灵感记下来；找个中午、晚上抽出点时间围绕相关主题搜集一些文献材料攒着；周末或假期时，系统地梳理文献，了解思想政治教育学科的发展现状，然后正式着手写作。

值得欣喜的是，面向辅导员学术研究的平台和机会越来越多。比如近些年，教育部围绕思政工作举办了一系列论坛、培训，专门设立了人文社会科学研究专项任务项目，有高校思想政治工作专项以及高校辅导员研究专项，还有各类精品项目的申报等等。中国高等教育学会启动了"高校辅导员队伍建设与发展研究"专项课题申报，全国哲学社会科学工作办公室增加了高校思想政治理论课研究专项。

这里以"全国高校思想政治工作优秀论文征集"为例，来谈谈如何安排学术研究计划。

"全国高校思想政治工作优秀论文征集"一般会在每年的9—10月开始，如果有意，可以提前一年来稳扎稳打准备评比。

目标确定，科研行动计划时间表就有了：

当年10月：启动计划；

当年11—12月：完成相关文献梳理和理论储备；

次年1—2月：撰写一份课题申报书，目标可定为教育部人文社科（高校辅导员研究）专项、省哲社、省高校哲社项目，或市、校级项目等等，从自己实际出发；

次年 3—6 月：等待课题立项通知，撰写第一篇论文（论文写作不受课题是否立项影响）；

次年 7—8 月：修改第一篇论文，同时撰写第二篇论文；

次年 9 月：初稿给师友评阅，结合意见对论文进行修改完善；

次年 10 月：将定稿的论文上报参加"全国高校思想政治工作优秀论文征集"，如果此前申报的课题获得了立项，可同时将论文作为课题成果进行投稿；

明年 12 月：等待丰收。

如果这个计划进行顺利，那么待到丰收时，你可以收获 2 篇论文，1 至多项课题，以及 1 至多项获奖（校、省、全国）。

当然，如果你能在"全国高校思想政治工作优秀论文征集"中笑到最后，那么恭喜你，你将有机会受邀参加全国高校辅导员工作创新论坛，这时你将跨越到一个新的平台，也会迎来更多收获。

四、论文投稿的"六部曲"

如果能坚持从头看到这个部分，说明还是很真诚的，当然如果直接看到这个地方，也不会有啥效果。前面的内容可以不看，但是步骤必须要走。

投稿类似于"找房子"，论文是你的房门钥匙。首先你得确定要找哪个地段的房子，然后在这个地段范围内选择一个合适的小区、具体哪栋楼，然后再尝试开门，如果打不开，只能另找；如果开了门，一切都满意，那么值得庆贺，"房子"找到了。

投稿是论文的关键程序，也是大家关心的焦点。经历了论文写作、论文修改的考验后，即将进入最考验心性、韧性乃至人性的论文投稿阶段。如何找到心仪的"房子"？如何让自己的论文尽快发表在更有影响力的学术期刊上？怎样才能让自己的论文获得编辑及审稿专家的认可？这些问题无法回避。

不怕有问题，就怕没办法，不怕没办法，就怕没想法。

我们聊聊怎么投稿。

虽然讲的是投稿，但是投稿不是孤立的环节，我们从头到尾讲六点。

Tip 1：锚定目标

事实上，真正限制辅导员科研能力的"短板"，除了理论功底、知识储备的不足和思维方式、研究方法的欠缺，更重要的，还在于日常工作和理论研究的"两层皮"现象比较突出。简单说，就是日常工作中的问题进入不了研究视野，理论研究的成果也难以有效转化为日常工作的支撑。因此，辅导员一定要心平气和，长期坚持，从工作实践中去探索总结，真正找到和别人不一样的东西。这是一种态度，也是一种习惯。

除了前面提到的内容，辅导员还要加强理论学习，通过阅读思想政治教育学科或马克思主义理论方向的经典著作以及最新的学术期刊论文，掌握前沿动态，进而精细自己的研究方向。正如清华大学吴国盛教授所言，评价一个人文学者学术水平的基本标准是，他熟悉多少经典著作，能在多大程度上阐释经典著作，本着当代人面临的问题展开与伟大经典的对话。举个例子，2014 年，《思想理论教育》编辑部评选出了思想政治教育学科 30 年标志性研究成果，包括 30 本著作和 30 篇论文，这可以作为我们读经典的参考。除此之外，《思想政治教育学科 30 年发展研究报告》《中国大学生思想政治教育发展报告》等著作也可以帮助我们去了解思想政治教育学科的发展历史及现状。

Tip 2：端正态度

很多事情，态度是取胜的关键。有些辅导员在写作时不注意细节，写完不愿意花点时间多读几遍，以致论文错误百出，逻辑不通，甚至通篇一个字体，一个字号，短短 4000 多字的论文竟然有十多页。文如其人，字里行间也是态度和交际，一篇粗制滥造的论文，占用的是编辑老师的时间和精力，不仅无法通过刊物的形式审查，还会给编辑留下不好的印象，影响下一次投稿。

此外，标点符号等基本规范也要注意。如很多人会在使用多个书名号或引号并列时使用顿号分隔，正确用法应该是：标有引号的并列成分之间、标有书名号的并列成分之间通常不用顿号，若有其他成分插在并列的引号之间或并列的书名号之间，宜用顿号。这种错误最常见，细心观察，你甚至会在很多新闻报道和学术论文中发现。当然，还有一些禁用词，要避免其出现在论文中，新华社曾于2016年公布了一批禁用词，这都是参考。

同时，在论文写作时，对一些二手参考文献，一定要考证其原始出处，重要引文，包括重要领导人著作、讲话以及党和国家文件、法律等，必须逐字核对，确保无误。现在一些要求比较严格的期刊，都会要求作者提供参考文献的原文复印件，以便编辑核对。

Tip 3：步步为营

学术研究最忌讳拖沓、半途而废。这里强调的一气呵成包括研究时间的"一气呵成"和行文逻辑的"一气呵成"。南京农业大学刘祖云教授曾经谈到过学术论文写作的"一十百千万"原则，与大家分享。

一：发表一篇C刊论文

十：读十本著作

百：看一百篇C刊论文

千：花一千个小时

万：写一万字

"一十百千万"淋漓尽致地诠释出了学术研究的不易，当然也会让很多辅导员眼前一黑，这是高的标准，但是意思还是比较清楚的。"十"和"百"强调的是文献工作，"万"突出的是论文的字数要求，"千"说的是撰写一篇学术论文的时间投入。这里的"一千个小时"并不是说连续一千个小时，任何一个研究者都很难持续一千个小时去写作，但最好能安排出相对完整和集中的时间段，时间可以中断，但思路不要歇，状态不能停，一旦拖沓久了，也就没了继续下去的激情和动力。同时，还要能够及时记录写作灵感，这一点在前文也提到过，论文写作过程中确实会有灵感存在，灵感一般在大脑和身体状态最放松的时候迸发出来，灵感的特点就是不期而至、转瞬即逝，因此，想办法记下来是非常必要的。

学术论文有其自身的行文逻辑，它是统领全文、使整篇学术论文内在地成为一个整体的主线。因此每一篇论文都应该有一根可以牵引全文的主线，以增强各个部分之间的实质性内在联系，这根线可以围绕"现象—对象—问题—理论—方法—逻辑—结论"展开，即从某个"现象"中确定"研究对象"，围绕"研究对象"提炼"研究问题"，接着通过适切的"理论"和"方法"，辅以丰富而有力的学术资源，进一步明晰"问题"，最终得出"研究结论"，这个过程应该是一气呵成、相辅相成，不能旁生枝节。

Tip 4：知己知彼

国内目前比较流行的中文社科期刊的评价体系：

中文社会科学引文索引，简称 CSSCI 来源期刊，即南大核心或 C 刊，每两年更新一次，最新版本共收录 583 种来源期刊和 229 种扩展版来源期刊。其中马克思理论 23+4 种，教育学 37+18 种。

中文核心期刊要目总览，即北大核心期刊或 B 刊，每四年更新一次，最新版本共收录 1990 种期刊。其中中国政治（除公安工作）46 种，教育学综合 24 种，高等教育 19 种。

中国人文社会科学核心期刊，即社科院核心期刊或 A 刊，最新版本共收录 1291 家期刊，对期刊的层级划分包括：顶级期刊、权威期刊、核心期刊和扩展期刊。其中马克思主义理论 1+2+10+8 种，教育学 0+3+43+53 种。

学术界对 C 刊的认可度最高，使用范围也最广。辅导员要对自己研究学科领域的期刊熟悉到如数家珍的程度，平时经常到知网查阅这些期刊的动态，有条件的可以订阅纸刊，据此进一步缩小目标范围，如重点选择 8—10 本期刊作为投稿的重点方向。当然，也有一些口碑不错的普通期刊，如《高校辅导员》《高校辅导员学刊》《中国共青团》等。

简单说几本与辅导员工作联系较为紧密的期刊（截至 2021 年）。

《思想理论教育导刊》：C 刊、B 刊、A 刊核心，高等教育出版社主办，月刊，网络平台投稿；

《思想教育研究》：C 刊、B 刊、A 刊扩展，全国高等学校思想政治教育研究会、北京科技大学联合主办，月刊，电子邮件投稿；

《思想理论教育》：C刊、A刊核心，上海市高等学校思想理论教育研究会、上海市教育科学研究院联合主办，月刊，电子邮件投稿；

《思想政治教育研究》，C刊扩展、B刊、A刊扩展，哈尔滨理工大学主办，双月刊，电子邮件投稿；

《学校党建与思想教育》，C刊扩展、B刊、A刊扩展，湖北教育报刊社主办，半月刊，电子邮件投稿；

《中国青年研究》，C刊、B刊、A刊核心，中国青少年研究中心、中国青少年研究会联合主办，月刊，电子邮件投稿；

《高校辅导员》，A刊扩展，山东大学主办，双月刊，网络平台＋电子邮件投稿；

《高校辅导员学刊》，A刊扩展，安徽师范大学主办，双月刊，网络平台＋电子邮件投稿；

《中国共青团》，普刊，共青团中央主办，月刊，电子邮件投稿；

当然，还可以进一步做细相关研究工作，比如分析期刊每期发表论文的篇数，作者单位和职称分布如何，有哪些固定的栏目，对字数有什么具体要求，用稿是偏理论还是偏实证，等等。另外，不同的期刊对论文的结构也有不同的要求，不妨再进一步了解一下哪些期刊近期喜欢你这个方向的论文，根据期刊公开的"投稿须知"将自己的论文再进行有针对性的加工，以提高论文的"匹配度"。必要的情况下，还可以附上较为详细的学术成果简介，以便编辑更快地了解你的学术水平和能力。

这项工作看起来简单，但真正愿意做、能做好的不多，有些辅导员已经读到了思政专项博士，依然不了解自己研究学科领域内的主要期刊有哪些，更别谈对目标期刊了然于胸了。这就好比高考填报志愿，哪些是原"985"高校？哪些是原"211"高校？哪些是"双一流"建设高校，哪些又是"双一流"学科建设高校？哪些学校有你心仪的专业？心仪学校的位置在哪里？校风如何？学风怎样？招生有哪些政策？这些信息不了解清楚，谈何精准选择一所好学校、一个好专业呢？

再打个比方，很多辅导员有自己的公众号，也会面向学生和辅导员同人征稿，如果有来稿，你作为公众号的主编，会偏爱哪些稿子呢？我想一定是选题新颖、格式规范、行文流畅、逻辑严谨且风格相投的稿子。而这中间，风格相投最为重要，因为这是一个公众号长期坚持下来的文化沉淀，风格不对，写得再好，命中率也不会高。

Tip 5：直面挫折

几乎所有的学者都有过被拒稿的经历。做学术，就是一个"投稿—退稿—投稿"的循环，甚至可以说，论文写出来就是为了被拒的，被拒起码说明你是有产出的。试问，哪个科研大牛不是踩着拒稿通知成长起来的？你以为评上教授或者博导就不被拒稿了？马克思早就说过："在科学上没有平坦的大道，只有不畏劳苦沿着陡峭山路攀登的人，才有希望达到光辉的顶点。"①学术研究不经过艰苦努力，想要轻而易举、一帆风顺，是不大可能的。细心研究一些著名学者不同时期的科研成果，会发现他们的研究深度和写作能力是一个不断提高的过程，这说明科研能力是可以提高的，也是需要提高的，这是一个学者成长过程中必须经历的阶段。

被拒稿的感觉不好，但是抱怨、质疑、气馁都无济于事。更需要的是冷静分析思考，是期刊选择不合适？还是论文自身存有不足？如果是因为期刊选择不合适，可以重新选择下一个期刊投稿。如果是论文自身的质量有待提高，则需要根据退稿意见，继续研读文献、请教专家和同行，对论文加以修改和完善。②

比起直接退稿，退修（包括修改后重审及修改后录用）也很煎熬。有些退修意见能满满写上两张 A4 纸，光把这退修意见读明白，就得花上几天的时间。等了这么久，终于有一次像样的退修意见，必须倍加珍惜。那就要对着每条修改建议，仔细分析，逐一修改，记得最后一定要附上详细的修改说明。如果你不认同审稿人的修改意见，可以

① 中共中央马克思恩格斯列宁斯大林著作编译局：《马克思恩格斯全集》第四十三卷，人民出版社 2016 年版，第 13 页。

② 杨晓丽：《社会科学类学术期刊投稿策略》，《今传媒》2016 年第 8 期。

有理有据、谦虚有度地与审稿人探讨，当然，最后别忘了对审稿人的意见和建议表示感谢。

Tip 6：山高水长

稿子投出去，基本就四种结果。

第一个层次：态度不认真，格式不规范，只能淘汰。

第二个层次：态度认真，格式规范，但文笔欠佳，可以改改。

第三个层次：格式规范，行文流畅，文笔尚可，但缺少亮点，比较看看。

第四个层次：行文流畅，结合热点，聚焦主题，眼前一亮。

对应投稿来说，第一个层次是直接退稿，第二个层次是修稿后重审，第三个层次是修改后录用，第四个层次是直接录用。当然，直接录用是很难的，所以现实中存在着严重的供需矛盾，一方面作者愁于发不出论文，另一方面编辑苦于没有好稿子。

如果很幸运，论文发表了，也不代表合作关系就结束了，而是合作关系的开始。这时，应该继续与期刊和编辑保持联系，定期向编辑部输送最新的研究成果。如果之前发表论文被转载，或者你在下一篇论文中引用了前一篇文献，也可以向期刊通报一声。在这样的氛围中，作者与期刊之间会建立起相互信任的关系，进而形成长期合作型学术关系。此外，作者也可以通过积极参加期刊举办或者承办的学术会议，或向期刊自荐担任审稿人等途径，与期刊建立和谐关系，还可以通过各种外出培训或参加学术会议的机会，多请教，多学习，多展示。

学术研究如同人生的修行，没有捷径可走，也没有放之四海而皆准的"葵花宝典"，更没有事半功倍的科研"至尊秘笈"。唯有不断积累，用心感悟，孜孜不倦，行稳致远，方能达到自由之境界。

最后，用一个流行的打油诗共勉吧：

未曾发表难成人，不经打击老天真。

自古英雄出炼狱，从来大牛入凡尘。

第五项

理论修炼

2016 年，在全国高校思想政治工作会议上，习近平总书记这样谈道，"讲思想政治理论课，要让信仰坚定、学识渊博、理论功底深厚的教师来讲，让学生真心喜爱、终身受益。"[①]

跟我们有啥关系？辅导员作为高校思想政治工作者之一，是大学生日常思想政治教育和管理工作的组织者、实施者、指导者。所以，理论修炼既是做好思政教育工作的保障，也是我们突破职业发展瓶颈的钥匙。

下面我们就谈谈为何学、学什么、怎么学。

一、学理论，为何学

高校辅导员为何要学思想政治教育理论，结合实际，概括起来，三句话：工作有要求、学生有需求、自身有诉求。

（一）工作有要求

辅导员学习理论，提升理论素养和理论武装能力，是由高校辅导员的职业本质所决定的。

首先，我们来看看高校辅导员的职业源流。

---

① 习近平：《论党的宣传思想工作》，中央文献出版社 2020 年版，第 379 页。

清华大学档案馆里珍藏有一份珍贵的历史资料——清华大学向高教部、人事部请示设立学生政治辅导员的报告。报告写于1953年4月3日:"为了加强对学生的政治思想教育,保证学习任务的完成,并把学生中党团员的社会工作时间减少至政务院规定的每周6小时的限度,我们拟根据1952年政务院批准的全国工学院院长会议决议设立政治辅导员制度。"[①]

这份报告说得很明确,设立辅导员就是"为了加强对学生的思想政治教育"。那么,设立政治辅导员又能从哪里找到渊源呢?

往前追溯,要聊聊中国共产党办大学的政治指导员制度。

中国共产党最早成立的大学是中国工农红军大学,它的前身是1927年红一方面军创办的红军教导队。1936年,中国工农红军大学迁至陕北瓦窑堡,改名"抗日红军大学"。1937年又迁至延安,更名"中国人民抗日军事政治大学",简称"抗日军政大学"。学校的学生管理如下:学生编成若干大队,大队下设若干支队,支队再下设若干中队,中队配备政治指导员。政治指导员的主要工作职责就是负责学生的思想政治工作。

这个政治指导员制度,是高校辅导员制度的雏形。

可以说,高校辅导员制度从确立的时候起,就自带思想政治工作的基因,就肩负思想政治教育的使命。

---

① 陈希:《双肩挑50年——清华大学辅导员制度五十周年回顾与展望》,清华大学出版社2003年版,第8页。

后来的高校辅导员职业发展，也一以贯之保留着这一核心基因和特殊使命。特别是进入 21 世纪以来，高校辅导员思想政治教育的地位作用空前凸显。

2004 年 8 月，中共中央、国务院印发了《关于进一步加强和改进大学生思想政治教育的意见》，强调高校辅导员是大学生思想政治教育工作队伍的主体，明确提出要着力建设一支高水平的辅导员队伍。

2005 年 1 月，胡锦涛总书记在全国加强和改进大学生思想政治教育工作会议上的讲话指出："要采取有力措施，按照政治强、业务精、纪律严、作风正的要求，着力建设一支高水平的辅导员和班主任队伍，使他们在学生思想政治教育中发挥更大作用。"

紧接着，教育部先后出台了《关于加强高等学校辅导员班主任队伍建设的意见》《普通高等学校辅导员队伍建设规定》等政策性文件，进一步明确了辅导员的角色定位和工作职责，指出辅导员是开展大学生思想政治教育的骨干力量。

党的十八大以来，以习近平同志为核心的党中央高度重视思想政治工作，习近平总书记先后在全国高校思想政治工作会议、全国教育大会、学校思想政治理论课教师座谈会上强调了学校思想政治工作培养什么人、怎么培养人和为谁培养人的根本问题。中国共产党成立100 周年之际，中共中央、国务院还专门印发了《关于新时代加强和改进思想政治工作的意见》，深刻阐明了新时代思想政治工作的重大意义、根本任务、方针原则、基本要求，并强调要配齐配强以辅导员等为主体的思想政治工作骨干队伍。

相应地，2013 年 5 月，教育部出台《普通高等学校辅导员培训规划（2013—2017 年）》，开篇强调高校辅导员是开展大学生思想政治教育的骨干力量。

2014 年 3 月，教育部出台了辅导员职业历史上第一部能力标准法规文件《高等学校辅导员职业能力标准（暂行）》，在辅导员职业定义里明确规定，辅导员是开展大学生思想政治教育的骨干力量，是高校学生日常思想政治教育和管理工作的组织者、实施者和指导者。

2017 年，教育部重新修订《普通高等学校辅导员队伍建设规定》，再次强调，辅导员是开展大学生思想政治教育的骨干力量，是大学生日常思想政治教育和管理工作的组织者、实施者和指导者。辅导员应当努力成为学生成长成才的人生导师和健康生活的知心朋友。

可见，高校辅导员职业一直在发展，其思想政治教育的核心使命一直没有变，而要想做好思想政治教育工作，不懂思想、不懂政治、不懂理论是万万不行的。

其次，让我们来看看高校辅导员的主要职责。

思想政治工作是党的优良传统、鲜明特色和突出政治优势，是一切工作的生命线。

对辅导员来说，这条工作线贯穿始终。比如，2006 年的《普通高等学校辅导员队伍建设规定》明确规定，辅导员的主要工作职责，是"帮助高校学生树立正确的世界观、人生观、价值观，确立在中国共产党领导下走中国特色社会主义道路、实现中华民族伟大复兴的共同理想和坚定信念。积极引导学生不断追求更高的目标，使他们中的先进分子树立共产主义的远大理想，确立马克思主义的坚定信念"。

2017年重新修订的《普通高等学校辅导员队伍建设规定》指出，辅导员的主要工作职责第一条就是"思想理论教育和价值引领"，即"引导学生深入学习习近平总书记系列重要讲话精神和治国理政新理念新思想新战略，深入开展中国特色社会主义、中国梦宣传教育和社会主义核心价值观教育，帮助学生不断坚定中国特色社会主义道路自信、理论自信、制度自信、文化自信，牢固树立正确的世界观、人生观、价值观"。

可以说，高校辅导员的职责使命始终如一。

再次，我们来看看高校辅导员的内涵理解。

在高校辅导员的职业发展史里，尽管高校辅导员的职业名称有所变化，但"辅导员"三个字始终不变。

所谓"辅"，是做好党委工作的助手、教师教学的助手、学生学习的助手；"导"，是加强对学生的政治领导、思想引导、情感疏导、学习辅导、行为教导、就业指导；"员"，是承担伟大工程的施工员、伟大事业的质检员、伟大斗争的战斗员、伟大梦想的服务员的职责。

对照高校辅导员的职业定义和职能要求，"辅"更多对应的是辅导员职业定义中的"学生健康成长的知心朋友","导"更多对应的是"学生的人生导师"。

可以说，辅是手段和基础，导是目标和意义。人生导师为主，知心朋友为辅，通过成为学生的知心朋友进而成为学生的人生导师，成就思政育人的目的和意义。

不忘初心，方得始终。只要职业名称中的"辅导员"三个字不变，就决定了辅导员的核心任务不会变，思想政治教育工作的地位就不会变。

综上，从辅导员的职业源流、主要职责、内涵理解来看，高校辅导员工作都必须学习思想政治教育理论，提升思想政治教育理论能力。

（二）学生有需求

辅导员学习思想政治教育理论，提升思想政治教育理论能力，也是由学生的实际需求所决定的。

辅导员开展思想政治教育工作，实际是面向学生释疑解惑、用思想启迪学生、用理论武装学生的过程。马克思在《黑格尔法哲学批判导言》里说道："理论一经掌握群众，也会变成物质力量。理论只要说服人，就能掌握群众。"[1] 现实工作中，辅导员在面对学生思想的困

---

[1] 《马克思恩格斯选集》第一卷，人民出版社 2012 年版，第 9—10 页。

惑、人生的迷茫、现实的选择时，能不能把道理讲清楚、讲透彻，能不能做到用理论说服学生、用理论掌握学生，考验的就是辅导员理论的功底、说理的能力。

理论越清醒，说理越透彻，这在解决学生困惑的过程中会体现得很明显。比如说，我们常说"三观"要正，如果从学理上来说，解决"三观"问题就要知道具体是哪"三观"，然后进一步还要知道每一个的具体内容。比如"人生观"就涉及"人生目的、人生态度和人生价值"，这具体对接的问题是"为何活着、如何活着以及活成什么样"，只有这样把理论逻辑建立起来，再对应学生困惑的时候才会有据可依，才能有的放矢。

学生思想的困惑，关联的是世界观的问题。所谓世界观，简单说，就是一个人对世界的看法和观点。至于个人的世界观是否科学，是否正确，这就关系到是否用科学的理论武装头脑，正确地认识世界。所以，解决思想认识的问题，实际是解决世界观的问题。马克思主义是科学的世界观和方法论，学习马克思主义，在当下，就是要学好习近平新时代中国特色社会主义思想。那么，看起来"高大上"的理论，怎么"接地气"地回应学生的思想问题？举个例子。

习近平总书记在全国高校思想政治工作会议上强调，要教育引导学生正确认识世界和中国发展大势。如何正确认识世界和中国发展大势呢？ 2019 年 5 月，习近平总书记在推动中部地区崛起工作座谈会上首次提到，"领导干部要胸怀两个大局，一个是中华民族伟大复兴的战略全局，一个是世界百年未有之大变局，这是我们谋划工作的基本出发点。"①"两个大局"的重要论述，就是我们观察世界和认识世界的一把钥匙。何为世界百年未有之大变局，"百年"是指哪百年，"大变局"是指哪些变化，带来什么影响，从理论上弄清楚它们的概念、内涵、逻辑等。如此，我们就可以观照当下的热点焦点事件，比如美国从阿富汗撤兵、中美贸易摩擦、"一带一路"、人类命运共同体等，从现象到本质，从具体到抽象，从现实到理论，抽丝剥茧、层层深入地分析事件，回答问题，解决学生的思想困惑，以此形成对世界的正确认识。

学生人生的迷茫，关联的是人生观的问题。所谓人生观，简单说，就是一个人对人生的目的和意义、方向和道路的看法和观点。人生观受世界观制约影响，一个人怎么看世界，怎么认识世界，往往决定着他的人生态度和活法。人的一生该怎么度过，苏联作家尼古拉·奥斯特洛夫斯基在《钢铁是怎样炼成的》里说道："人最宝贵的是生命。生命每个人只有一次。人的一生应当这样度过：当回忆往事的时候，他不会因为虚度年华而悔恨，也不会因碌碌无为而羞愧；在临死的时候，他能够说：'我的整个生命和全部精力，都已经献给了世界上最壮丽的事业——为人类的解放而斗争。'"千里之行，始于足下。新时代的此时此地正在呼唤着我们大有作为。新时代怎么看？这

---

① 《习近平谈治国理政》第三卷，外文出版社 2020 年版，第 77 页。

"是决胜全面建成小康社会、进而全面建设社会主义现代化强国的时代，是全国各族人民团结奋斗、不断创造美好生活、逐步实现全体人民共同富裕的时代，是全体中华儿女勠力同心、奋力实现中华民族伟大复兴中国梦的时代，是我国日益走近世界舞台中央、不断为人类作出更大贡献的时代"[①]。在这个伟大新时代里，我们"共同享有人生出彩的机会，共同享有梦想成真的机会，共同享有同祖国和时代一起成长与进步的机会"[②]。作为辅导员，我们有责任和义务，教育引导青年学生将个人梦融入中国梦，以实现中华民族伟大复兴为己任，"增强做中国人的志气、骨气、底气，不负时代，不负韶华，不负党和人民的殷切期望"[③]，"在实现中国梦的生动实践中放飞青春梦想"[④]，过敢于有梦、勇于追梦、勤于圆梦的一生。

刀要在石上磨，人要在事上练。1969 年，15 岁的习近平来到陕西延安梁家河村插队。梁家河艰苦而充满历练的 7 年知青岁月，让青年习近平找到了人生目标与方向。他后来这样说，"15 岁来到黄土地时，我迷茫、仿徨；22 岁离开黄土地时，我已经有着坚定的人生目标，充满自信。作为一个人民公仆，陕北高原是我的根，因为这里培养出了我不变的信念：要为人民做实事！无论我走到哪里，永远都是

① 《习近平谈治国理政》第三卷，外文出版社 2020 年版，第 9 页。

② 《习近平谈治国理政》，外文出版社 2014 年版，第 40 页。

③ 习近平：《在庆祝中国共产党成立 100 周年大会上的讲话》，《人民日报》2021 年 7 月 2 日。

④ 《习近平谈治国理政》第三卷，外文出版社 2020 年版，第 55 页。

黄土地的儿子。"[1]

学生现实的选择，关联的是价值观的问题。所谓价值观，简单说，就是一个人认定事物、判定是非、作出选择的标准或取向。"三观"中，世界观是基础，影响制约人生观和价值观；人生观和价值观相互关联，相互影响，相互作用。对于青年学生来说，价值观是重中之重。现实生活中，学生的言行举止、所思所想，实质都受价值观的影响和支配。"青年的价值取向决定了未来整个社会的价值取向，而青年又处在价值观形成和确立的时期，抓好这一时期的价值观养成十分重要。"[2] 价值观的养成，习近平总书记把它比作穿衣服扣扣子，强调从一开始就要扣好，否则第一粒扣子扣错，剩余的扣子都会扣错。当代中国，最重要的就是培育和弘扬"富强、民主、文明、和谐；自由、平等、公正、法治；爱国、敬业、诚信、友善"的社会主义核心价值观。"富强、民主、文明、和谐是国家层面的价值要求，自由、平等、公正、法治是社会层面的价值要求，爱国、敬业、诚信、友善是公民层面的价值要求。这个概括，实际上回答了我们要建设什么样的国家、建设什么样的社会、培育什么样的公民的重大问题。"[3]

---

[1] 中央党校采访实录编辑室：《习近平的七年知青岁月》，中共中央党校出版社2017年版，第446页。

[2] 《习近平谈治国理政》，外文出版社2014年版，第172页。

[3] 《习近平谈治国理政》，外文出版社2014年版，第168—169页。

1835 年，17 岁的马克思在他的初中毕业论文《青年在选择职业时的考虑》里写道："如果我们选择了最能为人类福利而劳动的职业，那么，重担就不能把我们压倒，因为这是为大家而献身；那时我们所感到的就不是可怜的、有限的、自私的乐趣，我们的幸福将属于千百万人，我们的事业将默默地、但是永恒发挥作用地存在下去，而面对我们的骨灰，高尚的人们将洒下热泪。"[①] 青年马克思如是说，也如是做。选择为人类福利而劳动的职业，秉持为人类解放而奋斗的价值追求，成就了马克思光辉而伟大的一生。

辅导员的工作，不止日常管理服务的"柴米油盐"，还有思想政治教育的"诗和远方"。思想政治教育，不是要不要的问题，而是好不好的问题。

解决学生的思想问题，帮助学生树立正确的世界观、人生观、价值观，培养学生成为堪当民族复兴重任的时代新人，这是辅导员价值和存在感的体现。

（三）自身有诉求

辅导员学习思想政治教育理论，提升使用思想政治教育理论能力，还是由辅导员的自身需求所决定的。

也就是说，辅导员从哪里开始，又要走向哪里？

---

① 《马克思恩格斯全集》第 40 卷，人民出版社 1982 年版，第 7 页。

进入新世纪，高校辅导员开启了专业化职业化之路。2004 年，中共中央、国务院下发《关于进一步加强和改进大学生思想政治教育的意见》，这份纲领性文件为高校辅导员队伍专业化职业化奠定了坚实基础。2005 年，教育部颁发《关于加强高校学校辅导员班主任队伍建设的意见》，明确要求统筹规划专职辅导员的发展，鼓励和支持一批骨干长期从事辅导员工作，向职业化、专家化发展。2006 年，教育部《普通高等学校辅导员队伍建设规定》对辅导员的身份地位、工作内容、职业要求等作了明确规定，凸显出专业化职业化的发展要求。2008 年，高校辅导员在职攻读思想政治教育专业博士学位计划开始实施。2014 年，教育部印发《高等学校辅导员职业能力标准（暂行）》，对高校辅导员的职业概况、职业知识、职业能力标准等作了规定。2017 年，新修订的《普通高等学校辅导员队伍建设规定》进一步明确了辅导员的工作要求与工作职责，配备和选聘、发展与培训、管理与考核等内容。经过十几年的积蓄和发展，辅导员队伍不断壮大，职业化专业化建设卓有成效。[1]

从职业化和专业化的关系看，职业化是专业化的前提，专业化是职业化的基础。职业化要靠专业化推动，专业化是职业化深入发展的动力。只有在专业化建设的基础上，才能更好地规划辅导员队伍的职

---

① 冯刚：《持续推进高校辅导员队伍专业化职业化建设》，《高校辅导员》2020 年第 3 期。

业化发展，才能真正建设一支专门的高水平的辅导员队伍。[①] 目前看，高校辅导员规模不断壮大，结构日趋优化，人数配备已在逐步达到国家要求，专职为主、专兼结合的辅导员队伍架构也在逐步形成。从这个意义上说，辅导员职业已基本成型，但辅导员专业化之路仍任重道远。

教育社会学学者霍伊尔提出，专业化是一个职业（群体）经过一段时间后成功地满足某一专业职业标准的过程，它涉及两个一般同时进行并可独立变化的过程，就是作为地位改善的专业化和作为专业发展、专业知识提高以及专业实践中技术改进的专业化。[②] 尽管对于辅导员职业的专业归属，教育界和学界还未有清晰界定，但从辅导员的职业本质、辅导员的职业能力标准、辅导员学历提升的专业设置等来看，辅导员的专业化职业化发展依托的核心学科学业，理应就是思想政治教育。

现实工作也印证了这个规律。比如，日常工作中，能够在辅导员素质能力大赛上获奖，荣获高校辅导员年度人物荣誉，或者职称晋升等，往往都是具有较好思想政治教育理论功底和理论能力的辅导员。而对很多辅导员来说，在工作岗位上选择攻读学位的时候，国家也给了一个选择，就是高校马克思主义学院思政专项的博士。

---

① 冯刚：《论辅导员的专业化培养和职业化发展》，《思想教育研究》2007 年第 11 期。

② 《培格曼最新国家教师百科全书》，学苑出版社 1989 年版，第 542 页。

因此，辅导员的专业化职业化发展，辅导员自身的发展进步，也需要辅导员学理论，用理论。

二、学理论，学什么

明白了为何学，接下来我们来谈学什么。

习近平总书记在学校思想政治理论课教师座谈会上谈到，"思政课教学涉及马克思主义哲学、政治经济学、科学社会主义，涉及经济、政治、文化、社会、生态文明和党的建设，涉及改革发展稳定、内政外交国防、治党治国治军，涉及党史、国史、改革开放史、社会主义发展史，涉及世界史、国际共运史，涉及世情、国情、党情、民情，等等。这样的特殊性对教师综合素质要求很高。"①

结合总书记的讲话要求，联系辅导员的工作实际，我们认为，辅导员提升思想政治教育理论能力，至少要做好以下四个方面的学习。

（一）学马克思主义理论

习近平总书记在讲话中多次强调，学习马克思主义理论，是我们做好一切工作的看家本领。毛泽东同志曾经提出："如果我们党有一百个至二百个系统地而不是零碎地、实际地而不是空洞地学会了马

---

① 习近平：《论党的宣传思想工作》，中央文献出版社 2020 年版，第 378 页。

克思列宁主义的同志，就会大大提高我们党的战斗力量。"① 辅导员只有学懂了马克思列宁主义、毛泽东思想、邓小平理论、"三个代表"重要思想、科学发展观和习近平新时代中国特色社会主义思想，特别是领会了贯穿其中的马克思主义立场观点方法，才能心明眼亮，才能深刻认识和准确把握共产党执政规律、社会主义建设规律、人类社会发展规律，才能始终坚定理想信念，才能在纷繁复杂的形势下坚持用科学指导思想为学生释疑解惑，才能培养担当民族复兴大任的时代新人。

学习马克思主义理论，最好的方式就是认真学习马克思主义经典作家的著作，要原原本本学、仔仔细细读，下苦力气、下真功夫。通过精读马克思主义经典作家著作，掌握贯穿其中的马克思主义立场观点和方法。

一是学习马克思主义哲学。陈云同志曾指出："学习理论，最要紧的，是把思想方法搞对头。因此，首先要学哲学，学习正确观察问题的思想方法。如果对辩证唯物主义一窍不通，就总是要犯错误。"② 马克思主义哲学的思想方法是辩证唯物主义和历史唯物主义。辩证唯物主义是马克思主义理论体系的哲学基础，把辩证唯物主义思想运用到人类社会历史领域就形成历史唯物主义。对于历史唯物主义，恩格斯这样说："正像达尔文发现有机界的发展规律一样，马克思发现了

---

① 《毛泽东选集》第二卷，人民出版社1991年版，第533页。
② 《陈云文选》第三卷，人民出版社1995年版，第46页。

人类历史的发展规律。"①恩格斯认为马克思的唯物史观是发现了人类历史的发展规律，这是恩格斯对历史唯物主义的高度评价。有的辅导员朋友可能说没时间，那就可以先设定点小目标。学习历史唯物主义和辩证唯物主义，不妨从以下三个经典文献入手：《关于费尔巴哈的提纲》《德意志意识形态》《矛盾论》。《关于费尔巴哈的提纲》是马克思主义唯物史观的萌芽，恩格斯称之为"包含着新世界观的天才萌芽的第一个文件"，《德意志意识形态》是马克思和恩格斯首次系统阐述唯物史观原理，这是辅导员学习历史唯物主义的两篇经典必读篇目。《矛盾论》是毛泽东的哲学代表著作，是唯物辩证法的经典文献，该书运用唯物辩证法总结了中国共产党领导中国革命斗争的实践经验，从两种宇宙观、矛盾的普遍性、矛盾的特殊性、主要的矛盾和次要的矛盾方面、矛盾诸方面的同一性和斗争性、对抗在矛盾中的地位等方面，深刻阐述了辩证法的核心对立统一规律。

二是学习马克思主义政治经济学。恩格斯说，无产阶级政党的"全部理论来自对政治经济学的研究"。列宁把政治经济学视为马克思主义理论"最深刻、最全面、最详尽的证明和运用"。马克思主义的立场观点方法，充分体现在马克思主义政治经济学著作里。辅导员学习马克思主义政治经济学，也要有点小目标，不妨从以下三个经典文献入手：《〈政治经济学批判〉序言》（以下简称《序言》）、《〈政

---

① 《马克思恩格斯选集》第三卷，人民出版社 2012 年版，第 1002 页。

治经济学批判〉导言》（以下简称《导言》）、《论十大关系》。《序言》篇幅不长，但很经典，马克思在《序言》里交代了自己研究政治经济学的心路历程（读之非常有启发意义），叙述了自己研究政治经济学和发现唯物史观的过程，并对唯物史观作了经典表述，阐明了生产力决定生产关系、经济基础决定上层建筑、社会存在决定社会意识等历史唯物主义基本原理。《导言》则是马克思为计划撰写的经济学巨著《资本论》写的总导言，马克思在《导言》里运用他的新世界观和新方法论，详细阐述了关于政治经济学的对象、方法以及生产、分配、交换和消费之间关系的基本原理，其中贯彻了马克思对于资产阶级政治经济学各种谬论的深刻批判。正如习近平总书记指出的，"可以看做马克思全部政治经济学著作的总导言"，《导言》包含了马克思政治经济学的许多重要思想，是必读篇目。当然，如果还能学有余力，则可以尝试挤出时间潜下心来，认真读一读《资本论》。《资本论》是马克思最负盛名的经典著作，如果把《导言》比作政治经济学的入门，那么《资本论》就是正餐、大餐，是饕餮盛宴。《论十大关系》是毛泽东关于社会主义建设的代表作，这篇经典无论是对当时还是现在的社会主义建设都有很强的针对性和理论指导意义。相比马克思、恩格斯等人的著作，毛泽东这篇经典著作更加通俗易懂，他结合中国的具体实际，运用辩证法和唯物史观对社会主义建设的十对关系作了深刻透彻的分析，令人豁然开朗。恩格斯曾经一针见血指出："经济学研究的不是物，而是人和人之间的关系，归根到底是阶级和阶级之间的关系。"①结合恩格斯这句话，我们可以更加深刻认识《论十大关系》的政治经济学作用。

三是学习科学社会主义。社会主义作为一种理论形态，从1516年英国人莫尔《乌托邦》一书问世以来一直处于空想的状态，是马克思的唯物史观和剩余价值论让社会主义从空想变为科学。辅导员学习科学社会主义，不妨从以下经典入手：《共产党宣言》(以下简称《宣言》)、《社会主义从空想到科学的发展》(以下简称《发展》)、《哥达纲领批判》(以下简称《批判》)。《宣言》大家相对熟悉，最容易上手，它的发表标志着马克思主义的诞生。马克思、恩格斯在《宣言》里第一次全面系统阐述了科学社会主义原理，指出共产主义运动将成为不可抗拒的历史潮流。《宣言》从现实的经济关系和阶级关系出发，用剩余价值学说揭示了资本家剥削工人的秘密，指出无产阶级要彻底改变自己的命运必须消灭私有制，与传统的所有制关系和传统的观念实行最彻底的决裂；用唯物史观揭示了社会更替的一般规律，指明资产阶级灭亡在于其生产方式自有的矛盾，资产阶级在自己的发展进程中不仅锻造了置自身于死地的武器，而且产生了运用这一武器的人即无产阶级，从而得出"资产阶级的灭亡和无产阶级的胜利是同样不可避免的"。《宣言》不仅找到了资产阶级灭亡的原因，而且找到了埋葬它的掘墓人，实现了社会主义从空想到科学的飞跃。《发展》是恩格斯

---

① 《马克思恩格斯选集》第二卷，人民出版社2012年版，第14—15页。

系统阐述科学社会主义理论的一部经典著作，马克思称其为"科学社会主义的入门"，列宁称其为"科学社会主义的基本经典著作"。《发展》分别从科学社会主义的思想来源、社会主义为什么能够从空想变为科学和科学社会主义的发展前途三个方面揭示了科学社会主义的基本原则，奠定了社会主义理论的科学性基础。《批判》是科学社会主义的重要纲领性文件，马克思在书里严厉批判了哥达纲领草案中的拉萨尔派机会主义观点，阐明了无产阶级革命和无产阶级专政的原理。他提出了无产阶级专政的国家是资本主义向共产主义转变的政治上的过渡时期的思想。在批判拉萨尔的小资产阶级分配观点的基础上，马克思第一次提出了共产主义社会分为两个发展阶段——初级阶段和高级阶段的理论，阐明了社会主义社会必须实行按劳分配的原则，只有到了共产主义社会的高级阶段，才能实行"各尽所能，按需分配"的原则。马克思的这些天才思想和观点为后来的社会主义实践提供了强有力的理论支撑。

需要特别说明的是，马克思主义哲学、政治经济学和科学社会主义不是割裂的、泾渭分明的，而是统一的、有机地融合在马克思主义经典文献里，我们在学习马克思主义理论的过程中要特别注意这一点，以充分理解和领悟蕴含其中的马克思主义立场观点方法。三者之间，马克思主义哲学是核心和灵魂，马克思主义经典作家正是运用辩证唯物主义和历史唯物主义的世界观和方法论，才写出了一篇篇熠熠生辉的经典文献和创立了科学的伟大的马克思主义理论。

（二）学马克思主义中国化最新理论成果

中国共产党人把马克思主义基本原理同中国具体实际相结合、同中华优秀传统文化相结合，在不同历史时期创立和形成了马克思主义中国化的成果，如毛泽东思想、邓小平理论、"三个代表"重要思想、科学发展观等。随着中国特色社会主义进入新时代，习近平总书记对关系新时代党和国家事业发展的一系列重大理论和实践问题进行了深邃思考和科学判断，就新时代坚持和发展什么样的中国特色社会主义、怎样坚持和发展中国特色社会主义，建设什么样的社会主义现代化强国、怎样建设社会主义现代化强国，建设什么样的长期执政的马克思主义政党、怎样建设长期执政的马克思主义政党等重大时代课题，提出一系列原创性的治国理政新理念新思想新战略，创立了习近平新时代中国特色社会主义思想。习近平新时代中国特色社会主义思想是当代中国马克思主义、二十一世纪马克思主义，是中华文化和中国精神的时代精华，实现了马克思主义中国化新的飞跃。

当前，辅导员学理论，最重要的就是学懂弄通习近平新时代中国特色社会主义思想。

学懂，就是学明白"是什么"。弄通，就是弄明白"为什么"。学习习近平新时代中国特色社会主义思想，学懂是前提。学懂习近平新时代中国特色社会主义思想，党的十九大报告、《习近平新时代中国特色社会主义思想学习纲要》《中共中央关于党的百年奋斗重大成就和历史经验的决议》等文献资料是最好读本。党的十九大报告是习近平新时代中国特色社会主义思想的集成文本，也是权威释本，是一篇立意高远的鸿篇巨制，建议多读常读，多读多思，常读常悟。

比如，要准确领会习近平新时代中国特色社会主义思想的基本内涵和基本方略。习近平新时代中国特色社会主义思想从理论和实践结合上系统回答了新时代坚持和发展什么样的中国特色社会主义、怎样坚持和发展中国特色社会主义的问题，主要包括"基本内涵"和"基本方略"两个方面。"基本内涵"，就是党的十九大报告所讲的"八个明确"，它主要从理论上回答新时代坚持和发展什么样的中国特色社会主义，解决"是什么"的"道"的问题；"基本方略"，就是党的十九大报告所讲的"十四个坚持"，它主要从实践上回答新时代怎样坚持和发展中国特色社会主义，解决"怎么办"的"术"的问题。①

在准确领会习近平新时代中国特色社会主义思想基本内涵和基本方略的基础上，再采取理论和实践、历史和现实、当前和未来相结合的方法，把基本内涵和基本方略领会深、领会透。这方面建议精读《习近平谈治国理政》（一、二、三卷），以及习近平总书记系列重要讲话原文原稿，全面梳理和与时俱进熟悉了解习近平治国理政新理念新思想新战略，全方位立体式理解掌握习近平新时代中国特色社会主义思想。

---

① 　韩庆祥：《强国时代》，红旗出版社 2018 年版，第 14—15 页。

当然，学懂"是什么"只是知其然，弄通"为什么"才能知其所以然。辅导员进行理论学习，目的是为了更好开展思想政治教育工作，只有弄清楚理论的"为什么"，才能用理论说服学生，用理论掌握学生。尼采曾经这样形容仅仅懂得"是什么"的人，认为"他们是上等的钟表机构，只要当心给他们正确地上紧发条，他们就会正确无误地报告时刻而发出谦虚的响声"。① 也就是说，尼采认为仅仅知道"是什么"就好比报时间的钟表，或者复读机一样的机械工具，只能传声筒一般告诉别人"是什么"的知识，而不具备告诉别人"为什么"的思想和能力。很多时候辅导员开展思想政治教育工作，之所以效果不好，原因也是如此。只授"是什么"之业，不解"为什么"之惑，效果自然不好。而弄通习近平新时代中国特色社会主义思想，就要联系地而不是孤立地、系统地而不是零散地、全部地而不是局部地理解习近平新时代中国特色社会主义思想。

（三）学中国共产党党史

党的历史，是一部不断推进马克思主义中国化的历史，是一部不断推进理论创新、理论创造的历史，也是一部党的思想政治教育史。

毛泽东同志说："如果不把党的历史搞清楚，不把党在历史上所走的路搞清楚，便不能把事情办得更好。"② 思想政治教育的目的是培

---

① 尼采著：《查拉图斯特拉如是说》，钱春绮译，三联书店 2014 年版，第 142 页。
② 《毛泽东文集》第二卷，人民出版社 1993 年版，第 399 页。

养社会主义的建设者和接班人，辅导员如果不熟悉、不了解党的历史，就不可能把党的思想政治教育工作开展好。党的十八大以来，习近平总书记多次强调"党的历史是最生动、最有说服力的教科书"。辅导员只有学好党史，才能在思想政治教育工作中"用党的奋斗历程和伟大成就鼓舞斗志、明确方向，用党的光荣传统和优良作风坚定信念、凝聚力量，用党的实践创造和历史经验启迪智慧、砥砺品格"①。

党史学习的基本读本有《中国共产党简史》《论中国共产党历史》等，通过党史学习，要做到学史明理、学史增信、学史崇德、学史力行。学党史的目的就是要从党的辉煌成就、艰辛历程、历史经验、优良传统中深刻领悟中国共产党为什么能、马克思主义为什么行、中国特色社会主义为什么好的道理，弄清楚其中的历史逻辑、理论逻辑、实践逻辑。

一是弄清楚中国共产党为什么能的基本道理。习近平总书记指出，"只要我们深入了解中国近代史、中国现代史、中国革命史，就不难发现，如果没有中国共产党领导，我们的国家、我们的民族不可能取得今天这样的成就"②。通过党史学习，深刻领悟坚持中国共产党领导的历史必然性，深刻认识中国共产党在中国革命、社会主义建设和改革开放的进程中发挥的无可替代的领导核心作用，深刻理解中国共产党之所以能，就在于它的先进性，中国共产党是马克

---

① 习近平：《在党史学习教育动员大会上的讲话》，人民出版社 2021 年版，第 2 页。
② 习近平：《论党的宣传思想工作》，中央文献出版社 2020 年版，第 144 页。

思主义先进理论武装的先进政党；就在于它的人民性，中国共产党没有自己的特殊利益，始终把人民利益放在最高位置；就在于它的革命性，中国共产党始终保持自我革命精神、自我修复能力。勇于自我革命，是中国共产党的最鲜明品格，也是最大优势。

二是弄清楚马克思主义为什么行的基本道理。马克思主义的诞生，在人类历史上犹如一轮壮丽的日出，照亮了人类探索历史规律和寻求自身解放的道路。习近平总书记指出，时代在变化，社会在发展，但马克思主义基本原理依然是科学真理。通过党史学习，深刻领悟马克思主义及其中国化理论成果的真理性，深刻理解马克思主义之所以行，就行在它是科学的理论，马克思主义创造性地揭示了人类社会发展规律，揭示了资本主义运行的特殊规律，指明了从必然王国向自由王国飞跃的途径，指明了实现自由和解放的道路；行在它是人民的理论，马克思主义之所以能够跨越国度、跨越时代，就是因为它植根人民之中，为人类求解放，指明了依靠人民推动历史前进的人间正道；行在它是实践的理论，马克思说，"哲学家们只是用不同的方式解释世界，问题在于改变世界"①。马克思主义不是书斋里的学问，而是为改变人民历史命运创立的，是在人民求解放的实践中形成的，也是在人民求解放的实践中丰富和发展的。马克思主义在中国的成功实践，充分证明了马克思主义的实践伟力；行在它是开放发展的理论，

---

① 《马克思恩格斯选集》第一卷，人民出版社 2012 年版，第 136 页。

恩格斯曾经指出，"马克思的整个世界观不是教义，而是方法。它提供的不是现成的教条，而是进一步研究的出发点和供这种研究使用的方法。"① 一部马克思主义发展史就是马克思、恩格斯以及他们的后继者们不断根据时代、实践、认识发展而不断推进理论创新的历史，这就是马克思主义永葆青春、行之有效的秘密。

三是弄清楚中国特色社会主义为什么好的基本道理。"中国特色社会主义，承载着几代中国共产党人的理想和探索，寄托着无数仁人志士的意愿和期盼，凝聚着千千万万革命先烈的奋斗与牺牲，凝聚着全国各族人民的奋斗和实践，是近代以来中国社会发展的必然选择，是历史和人民的选择"②。习近平总书记指出，"中国特色社会主义不是从天上掉下来的，是党和人民历尽千辛万苦、付出巨大代价取得的根本成就。中国特色社会主义，既是我们必须不断推进的伟大事业，又是我们开辟未来的根本保证"③。通过党史学习，深刻领悟中国特色社会主义道路的正确性，深刻理解中国特色社会主义好，就好在它是历史和人民的选择。历史在不断证明并将继续证明，中国特色社会主义具有深厚的历史渊源和广泛的现实基础，既坚持了科学社会主义的基本原则，又具有鲜明的中国特色，既是历史的选择，又是人民的选

---

①　《马克思恩格斯选集》第四卷，人民出版社 2012 年版，第 664 页。

②　习近平：《全面贯彻落实党的十八大精神要突出抓好六个方面工作》，《求是》2013 年第 1 期。

③　习近平：《论中国共产党历史》，中央文献出版社 2021 年版，第 125 页。

择；好在它是坚持道路、理论、制度和文化于一体。中国特色社会主义道路是实现路径，中国特色社会主义理论体系是行动指南，中国特色社会主义制度是根本保障，中国特色社会主义文化是精神动力，四者统一于中国特色社会主义伟大实践；好在它是实现中华民族伟大复兴的人间正道。实现中华民族伟大复兴，是近代以来中华民族最伟大的梦想。历史充分证明，中国特色社会主义这条道路走得对、走得通、走得好，是实现社会主义现代化的必由之路，是创造人民美好生活的必由之路，是引领中华民族实现伟大复兴的必由之路。

（四）学中国特色社会主义文化

文化是一个国家、一个民族的灵魂。文化自信是一个国家、一个民族发展中更基本、更深沉、更持久的力量。我们的文化自信，就是对中国特色社会主义文化的自信。因此，学习中国特色社会主义文化，是辅导员理论修炼不可或缺的重要内容。

习近平总书记在党的十九大报告中指出，"中国特色社会主义文化，源自于中华民族五千多年文明历史所孕育的中华优秀传统文化，熔铸于党领导人民在革命、建设、改革中创造的革命文化和社会主义先进文化，植根于中国特色社会主义伟大实践。"[1] 学习中国特色社会主义文化，就是要学好中华优秀传统文化、革命文化和社会主义先进文化。

---

① 《习近平谈治国理政》第三卷，外文出版社 2020 年版，第 32 页。

　　一是学好中华优秀传统文化。中华优秀传统文化，是中华民族的根与魂。中国人之所以为中国人，就在于有中华文化的滋养。文化兴则国兴，文化亡则国亡。"中华优秀传统文化是中华民族的文化根脉，其蕴含的思想观念、人文精神、道德规范，不仅是我们中国人思想和精神的内核，对解决人类问题也有重要价值"①。辜鸿铭在《中国人的精神》一书里谈到，控制人类激情的有效力量是道德的力量，这种道德力量全世界只能在中华文明里找到。他说，"欧洲人赖以维持文明秩序的两个武器是宗教和法律。换言之，欧洲人是以对上帝的敬畏和对法律的恐惧来维持秩序的"②，但在中国，"这片土地上的每一个人都知道，牧师、警察或军人在帮助维持公共秩序方面扮演了一个极其次要的、非常无关紧要的角色"③，因为我们中国人有朴素的传承，在每一个孩子识字之时就开始这种教导：人之初，性本善。所以《道德经》里说，"失德而后仁，失仁而后义，失义而后礼，失礼而后法"。当一个人不讲道德，不讲仁义，不讲礼数，最后只能用法律来规范和约束他。所以，我们常说，道德是最高的法律，法律是最低的道德。我们应充分认识到中华文化中华文明的伟大，发自心底地坚定文化自信。学习中华优秀传统文化，应该从《论语》《孟子》《大学》《中庸》等经典入手，汲取至真至纯的中华文化，感悟崇仁爱、重民本、

---

① 习近平：《论党的宣传思想工作》，中央文献出版社 2020 年版，第 342 页。
② 辜鸿铭：《中国人的精神》，上海三联书店 2010 年版，第 4 页。
③ 辜鸿铭：《中国人的精神》，上海三联书店 2010 年版，第 5 页。

守诚信、讲辩证、尚和合、求大同等优秀思想，弘扬自强不息、敬业乐群、扶正扬善、扶危济困、见义勇为、孝老爱亲等传统美德；学习中华优秀传统文化，还应该正确处理马克思主义和中国传统文化的关系，坚持历史唯物主义和辩证唯物主义观点，充分认识到，"中华民族文化复兴由于马克思主义的指导而导向正确，马克思主义由于中华民族传统文化的滋养而更具中国特色"①。

二是学好革命文化。革命文化，是中国共产党领导中国人民，在新民主主义革命时期的奋斗历程中所形成的独特的革命精神和文化传统。习近平总书记在庆祝中国共产党成立100周年大会上的讲话中对精神的力量给予了浓墨重彩的论述，也概括了伟大建党精神的丰富内涵。革命时期所形成的包括井冈山精神、苏区精神、长征精神、遵义会议精神、延安精神、抗战精神、沂蒙精神、西柏坡精神等在内的诸多革命精神，都属于革命文化。关于革命文化的传承和弘扬，习近平总书记在纪念红军长征胜利八十周年大会上谈长征精神最具代表性："人无精神则不立，国无精神则不强。精神是一个民族赖以长久生存的灵魂，唯有精神上达到一定的高度，这个民族才能在历史的洪流中屹立不倒、奋勇向前。比如，伟大长征精神，作为中国共产党人红色基因和精神族谱的重要组成部分，已经深深融入中华民族的血脉和灵魂，成为社会主义核心价值观的丰富滋养，成为鼓舞和激励中国人民

---

① 陈先达：《马克思主义和中国传统文化》，人民出版社2015年版，第18页。

不断攻坚克难、从胜利走向胜利的强大精神动力。"[①] 学习革命文化，要注意革命文化和红色文化的关系。红色文化是革命文化的通俗化、形象化表达。在波澜壮阔的新民主主义革命过程中，中国共产党领导中国人民付出巨大流血牺牲，革命烈士的鲜血铸就了中国革命的底色。因此，红色是革命文化的表征，革命是红色文化的本质。习近平总书记特别强调，要把红色资源利用好、把红色传统发扬好、把红色基因传承好。

三是学好社会主义先进文化。社会主义先进文化，是以马克思主义为指导，继承和弘扬中华优秀传统文化和革命文化，吸收和借鉴世界优秀文化，集中体现新中国成立特别是社会主义制度建立以来全国各族人民的精神追求，始终代表中国发展前进方向的文化。社会主义先进文化的精髓是社会主义核心价值体系，而"社会主义核心价值观是社会主义核心价值体系的内核，体现社会主义核心价值体系的根本性质和基本特征，反映社会主义核心价值体系的丰富内涵和实践要求，是社会主义核心价值体系的高度凝练和集中表达"[②]。习近平总书记在党的十九大报告中指出，"社会主义核心价值观是当代中国精神的集中体现，凝结着全体人民共同的价值追求。"[③] 因此，学习社会主

---

① 习近平：《论党的宣传思想工作》，中央文献出版社 2020 年版，第 26—27 页。
② 《关于培育和践行社会主义核心价值观的意见》，人民出版社 2013 年版，第1 页。
③ 《习近平谈治国理政》第三卷，外文出版社 2020 年版，第 33 页。

义先进文化，就要培育和践行好社会主义核心价值观。学习社会主义先进文化，还要深刻把握它的五个鲜明特性。一是继承性。社会主义先进文化深深扎根中华优秀传统文化沃土，汲取优秀传统文化养分，而革命文化则是社会主义先进文化的重要基因和直接来源。二是科学性。社会主义先进文化始终坚持以马克思主义这一科学理论为指导，坚持把马克思主义基本原理与中国具体实际相结合，不断创造崭新的社会主义先进文化，让社会主义先进文化永葆生机与活力。三是人民性。社会主义先进文化来源于人民，服务于人民，体现人民的利益和愿望，满足人民多层次、多方面、多样化的精神文化需求，其价值指向是提高人民群众的思想道德素质和科学文化水平，最终实现人的全面发展。四是时代性。社会主义先进文化是面向现代化、面向世界、面向未来的，民族的、科学的、大众的文化，不断与时俱进，不断创造符合人与社会现代化本质要求的内容和形式，具有鲜明的时代性。五是开放性。社会主义先进文化是开放的、包容的，不断融合、吸收人类社会创造的一切优秀文明成果。

三、学理论，怎么学

学理论，既要明白学习的内容，更要知道学习的方法。总结起来，两句话：三个下功夫，四个学习法。

先说三个下功夫。

一是要下苦功夫。学习需要聚精会神、宁静致远，拂去心头杂念、安守精神家园，沉下心来通读苦读。要把学习作为一种追求、一种爱好、一种健康的生活方式，做到自觉学习、主动学习、终身学习。学习不是贴"标签"，要力戒形式主义、速成主义，不能总想着"一口吃成胖子"。要勤奋努力、刻苦钻研，学有所悟、学有所得。精研文本是开展理论学习和提升理论境界的重要途径，文本的背后是思想观点、逻辑脉络和行文旨趣，呈现的是思想魅力、文化魅力。学习理论最有效的办法就是读原著、学原文、悟原理，通过逐字逐句，反复研习，既要宏观把握，又要微观剖析，既要横向比较，又要纵向贯通，既要明晰全面，又要把握重点，寻求心灵的共鸣和思想的共振。

二是要下真功夫。理论学习不仅要重视文本，也要回到现实，让理论与现实相互激荡。理论学习不能纸上谈兵，也不能坐而论道，最终要把学习成效切实转化为做好本职工作、推动事业发展的生动实践。一方面，要解决真难题，瞄准问题、对准症结，以刀刃向内的自我革命精神，把问题找实、把根源挖深，拿出破解难题的实招、硬招；另一方面，要投入真感情。为什么有人能在墨水中品尝出"真理的味道"？就是在理论学习中投入了感情，深刻体会到共产党人为人民谋幸福、为民族谋复兴的初心使命，理解了共产党人以身许党、舍身为国的高尚情怀，激发了共产党人的自豪感、使命感、责任感。

三是要下细功夫。理论学习不仅要继承发扬我们党优良的学习传统、学习方法和学习作风，还要结合时代发展、技术进步，善于把握形势、更新观念、改变方法，用一些细功夫帮助提升学习质量。比如要历史地、联系地把握党的创新理论之精髓要义、时代特征，正确地、客观地体会其中蕴含的立场和观点。再比如要善于取长补短，打开学习的"围墙"，破除思想的"藩篱"，汲取他人的智慧。既要向先进榜样"对标找差"，在寻找差距中进步，在相互切磋中提高，也要向广大群众"拜师取经"，到田间、街巷、车间去，向群众问道、向百姓求教。又比如保持与时俱进，充分把握互联网信息革命的契机，活用、巧用先进技术，营造同时学习、随时交流、及时反馈的学习氛围，有效运用有声书、微视频、动漫、H5 等产品，创造性转化学习内容，使学习形式变得更加生动、立体、多元，让学习过程变得更加有声有色、有滋有味。

再说四个学习法：原原本本学、由浅入深学、带着问题学、联系实际学。

（一）原原本本学

原原本本学，是理论学习的第一原则。原原本本学，就是要坚持读原著、学原文、悟原理。马克思说："在科学上没有平坦的大道，只有不畏劳苦沿着陡峭山路攀登的人，才有希望达到光辉的顶点。"[1]

---

[1]　马克思：《资本论》（第一卷），人民出版社 2004 年版，第 24 页。

追求科学真理如此，理论学习亦是如此。理论学习没有捷径，必须老老实实、踏踏实实、扎扎实实一页一页翻，一句一句读，一段一段悟。同时，我们还要明白，读书的目的不是为了记忆背诵，而是在于理解掌握。记住不一定能理解，但理解了就一定更容易记住。只有理解了内容，悟通了原理，读懂了作者的思想，才算是读懂了文章，才能学以致用，把科学思想理论转化为我们认识世界、改造世界的强大物质力量。

（二）由浅入深学

由浅入深学，是理论学习的一般方法。许多人一提起马克思主义理论的学习，马上想到厚厚几十卷的马克思恩格斯大部头，一下望而生畏，望而却步。其实大可不必，如果直接阅读马克思恩格斯文集有难度，选集行不行？选集有难度，单本行不行？单本有难度，单篇行不行？单篇开始，由浅入深，循序渐进，逐步深入。

马克思主义理论虽然是一个包含马克思主义哲学、政治经济学、科学社会主义在内的体系宏大、逻辑缜密、系统完整的理论体系，但同时我们也要明白，马克思恩格斯的思想体系也是一个由浅入深逐步形成的过程。因此，我们学习和研读马克思主义理论，既是感悟马克思恩格斯思想体系形成的过程，也是跟随马克思恩格斯一起成长的过程。

比如，读1835年的《青年在选择职业时的考虑》，我们可以强烈感受到，17 岁的马克思身上蕴含的为人类服务的崇高理想。我们知道，学习马克思主义，首先要学马克思主义立场。这篇文章就充分体现了马克思的人民立场，是体现马克思主义人民性的重要文献。立场决定方向，方向决定道路。此后马克思的一生，都在践行着他 17 岁时写下的誓言。而他，也因此成为了历史上为人类解放而奋斗的光辉典范。

读 1842 年的《关于林木盗窃法的辩论》，我们可以了解到，马克思通过一场林木盗窃法的辩论，意识到法律不过是少数统治阶级统治和掠夺人民并用来袒护自己私人利益的工具，由此推动了马克思现实国家观的转变。马克思后来说，正是对林木盗窃法的研究和对摩塞尔河地区农民处境的研究，推动他从纯政治转向研究经济关系，从而走向社会主义。

读 1845 年的《关于费尔巴哈的提纲》，我们可以看到，马克思在批判费尔巴哈和一切旧唯物主义的基础上概述了自己的新的世界观。恩格斯称之为"包含着新世界观的天才萌芽的第一个文件"，这是马克思一生中两大重要发现之一的唯物史观的起源。

读 1846 年的《德意志意识形态》，我们可以知道，这是一部阐述马克思历史唯物主义基本原理的宏伟著作。首先，马克思在书中揭示了物质资料生产在社会生活中的决定作用，并论述了生产力和生产关系的辩证关系。其次，马克思进一步研究了社会政治结构同生产的相互联系，阐明了经济基础决定上层建筑的原理。最后，马克思经典表述了历史唯物主义关于社会存在和社会意识的相互关系，不是意识决定生活，而是生活决定意识。该书第一次系统地阐述了唯物史观的基本原理，标志着马克思恩格斯完成了对旧哲学的清算和马克思主义哲学的成熟。

读《资本论》，我们可以完整体会到，马克思运用辩证唯物主义和历史唯物主义对资本主义政治经济学进行了彻底的酣畅淋漓的批判。马克思在书中研究了资本主义社会的发生和发展，揭露了它的内在本质和矛盾，指出社会主义革命的必然性和共产主义的必然性。书中提出的"剩余价值"理论，揭示了资本主义剥削的秘密，让人们认清了资本剥削的本质。《资本论》是马克思一生最伟大的理论著作，书中高度统一了马克思主义哲学、政治经济学、科学社会主义理论的世界观和方法论。

这种由浅入深的学习，是文本学习掌握马克思主义理论的最佳方法。一旦掌握了马克思主义基本原理，领会了贯穿其中的马克思主义立场观点方法，再进行马克思主义中国化理论成果的学习，就会产生事半功倍的效果。

比如毛泽东思想，是马克思主义基本原理同中国实际的第一次结合，是马克思主义中国化的第一次伟大飞跃。在我们掌握了马克思主义基本原理和领会了马克思主义立场观点方法的基础上，当我们再进行毛泽东思想学习，阅读《毛泽东选集》时，我们就可以充分感受和深刻领悟，毛泽东同志活学活用马克思主义基本原理，结合中国的具体实际，提出了"没有调查就没有发言权""枪杆子里出政权""农村包围城市""实事求是""具体问题具体分析"等重要观点的思想魅力，并认识到毛泽东思想指导中国革命和建设取得巨大成功的真理性和必然性。

再比如，我们对习近平新时代中国特色社会主义思想的学习，通过阅读《习近平谈治国理政》（一、二、三卷）以及习近平总书记系列重要讲话，我们可以真切地感受到，以习近平同志为核心的党中央，充分运用马克思主义基本原理，结合中国新的时代条件和具体实践，系统回答了新时代坚持和完善什么样的中国特色社会主义，怎样坚持和完善中国特色社会主义，提出了一系列关于改革发展稳定、内政外交国防、治党治国治军的新理念新思想新战略，深化了对共产党执政规律、社会主义建设规律、人类社会发展规律的认识，为建设社会主义现代化强国，实现中华民族伟大复兴和满足人民对美好生活的向往，提供了坚实的理论支撑和实践遵循。

（三）带着问题学

带着问题学，是理论学习的必备之法。咱们前面提到，思政课不好上，思政工作不好做，因为涉及知识多，涉及问题多。

虽然不容易，但是有方法。问题法就是特别有效的一种。我们在开展思想政治教育工作过程中，遇到问题，或者学生有问题，提问题，不要怕，不要躲。怕也没用，躲也不行，有问题不可怕，可怕的是逃避问题，使问题成为难题，要闻过则喜，要欢迎问题，在解决问题的过程中学习知识，弥补短板。让问题成为我们学习成长的助推器，碰到的问题越多，解决的问题越多，底气就会越足。

要培养带着问题学、亡羊补牢学的态度和精神，锻炼"书到用时方恨少，用到之时赶紧补"的自觉和心态。在遇到问题与解决问题之间，不断获取新知识、探索新思想、提升新能力。

同时，还要学会从问题中找问题，多问几个为什么，以钉钉子的精神彻底把一个问题钻到底、研究透。保持锲而不舍、持之以恒的学习劲头，完善我们的知识结构，提升我们的理论能力。

比如，在进行马克思主义理论学习时，马克思主义的三大源头分别是德国古典哲学、英国古典政治经济学、法国空想社会主义，我们不妨再问个问题，后三者的思想源头又在哪儿呢？如果我们能顺着这些"问题"一层层探究下去，打破砂锅问到底，深入西方文明史，我们不仅可以探知马克思主义的思想源头，甚至还可以发现西方文明与中华文明的密切联系。

（四）联系实际学

联系实际学，是理论学习的重中之重。学习的目的在于运用。毛泽东同志说，"读书是学习，使用也是学习，而且是更重要的学习。"[1]

---

[1]　《毛泽东选集》第一卷，人民出版社1991年版，第181页。

实践不仅是检验真理的唯一标准，也是检验理论学习是否真学真懂真用的标准。

习近平总书记在 2016 年全国高校思想政治工作会议上强调，要教育引导学生正确认识世界和中国发展大势，正确认识中国特色和国际比较，正确认识时代责任和历史使命，正确认识远大抱负和脚踏实地。辅导员在开展思想政治教育过程中，要做到教育引导学生四个"正确认识"，就要切实重视理论学习的实践运用，紧密联系实际学理论，充分结合实际讲理论，把理论知识转化为实践能力和育人成效。

比如，这次新冠肺炎疫情，通过中西方制度的比对，充分说明中国之治的优越性；西方鼓吹的群体免疫疗法、美国的死亡人数世界之最，呈现的是西方资本主义国家对人权的漠视和人民性的缺失。

比如，中美贸易摩擦，号称全世界最民主的资本主义国家美国，不顾一直以来自我标榜的自由民主形象，悍然发起贸易战，充分证明了西方资本主义国家的虚伪性和双重标准，也印证了毛泽东同志所说的，美帝国主义者很傲慢，凡是可以不讲理的地方就一定不讲理。

再比如，华为事件，美国举全国之力打压"围剿"中国民营企业华为，明目张胆地动用政府力量强行拆购 Tik Tok，在 21 世纪的今天如此罔顾道义，毫无廉耻，是无所顾忌撕下自由民主面纱的赤裸裸的强盗主义。

总之，辅导员的理论修炼，不仅关乎辅导员的工作职责，也关乎辅导员的工作定位、工作成效和发展路径，需要我们下功夫、找方法，在理论与实践的结合中，在陪伴学生的教学相长中，学习、学习、再学习，实践、实践、再实践，用彻底的理论武装清醒的头脑，用清醒的头脑指导扎实的实践，用扎实的实践成就学生拔节孕穗期的成长和生长。

第六项

网络修炼

高校辅导员为什么要有网络修炼、要从事网络思政教育，不从事网络思政教育就不是优秀的辅导员了吗？网络思政做好了就能代表辅导员工作做得好吗？网络思政和日常思政什么关系？

在回答这些问题之前，先回答一个问题，什么是网络思政教育？

有些人认为网络思政就是写文章给学生看或者迎合学生喜好拍一些好玩的视频，有些人认为网络思政就是利用互联网给学生上思政课。这些理解都不全面，所谓的网络思政涵盖了很多领域，和日常思想政治教育一样，只不过平台换成了网络。

顾名思义，网络思政就是利用网络进行思想政治教育。大学生网络思想政治教育就是指基于高校校园网络和大学生网络行为而开展的思想政治教育实践活动。[①] 所以它也包含了党建、课程建设、职业规划、心理咨询、主题班会等各个领域，几乎涵盖了传统日常思政所涉及的全部内容。

网络思想政治教育是高校学生思想政治教育的重要部分，网络思政教育和传统思政教育作为线上和线下思政教育紧密联系，二者相辅相成，共同构成高校思想政治教育的有机统一的整体。

如果说网络思政教育要做，而且要做好，那么究竟为什么做，又应该怎么做？

---

① 教育部思想政治工作司：《大学生网络思想政治教育》，高等教育出版社 2011 年版，第 33 页。

一、网络思政教育，不做不行

辅导员开展网络思政教育有很多理由，简单说两点：这是走近青年的需要，也是做好工作的需要。

先说说走近青年的需要。当前高校学生主体已经变为"00后"，时代烙印鲜明，我们要结合实际塑造辅导员亲和力和话语体系，提升思想政治教育工作的针对性和实效性，这就需要辅导员不能光在"岸上"纸上谈兵，而要进入"泳池"中流击水，我们要进入网络，了解学生。

不少80、90后感慨"三年一个小沟，五年一个大沟"，到了95、00后，他们经常感慨与比自己小一两岁的同代人之间也存在"代沟"，而到了今天，如果不每天保持与世界的同步，用不了几天就可能产生交流隔阂。

歌曲里这么唱：我们不一样，每个人都有不同的境遇。每个人不一样，每个时代的人更不一样，当一代人和另一代人相遇的时候，代际差异就开始出现。

下一代人也许不想主动了解上一代人，上一代人却有必要了解下一代人，特别是从事学生思想工作的辅导员，我们管理服务的对象就是年轻大学生。辅导员要做好学生的思想工作，必须主动走进网络世界中，走到学生身边。那问题来了，网上的学生和现实生活中的学生有没有差异？肯定有！那么网上的学生在想什么？在玩什么？生活状态如何？都有什么特点？我们简单说几点：

1.学习工具多。网络技术的运用影响了大学生的学习方式，学生不再单一依靠老师和课堂来汲取知识，越来越多地利用网络搜索、信息下载、网络直播等方式获取教育资源。在大学校园里，手机、耳机、电脑成为大学生学习必备的三大件。一个大学生的基本标配是手里拿着手机，耳朵上挂着耳机，包里放着笔记本。甚至上课的时候也有这样的现象，如果老师讲得好，他会取下耳机，把头从笔记本电脑的凝视中抬起来；如果老师讲得不好，他会去听著名高校的线上慕课。学习遇到问题时，第一时间想的也不是请教老师，而是求助网络搜索，学习效率是提升了，知识获取的便利也在消解着独立思考与独立判断的能力。

2.网络沟通多。人际交往是大学生上网的目的之一。一方面，互联网拓展了大学生的朋友圈与交际面，学生个体可以实现与社会各个层面互联互通；另一方面，网络社交的虚拟性、匿名性、隐秘性满足了00后学生快速寻找满足感、安全感的需求，相对于面对面的沟通，他们更喜欢在网络上和人虚拟沟通。很多学生不擅长当面表达情感，但是在网络上就显得相对轻松，学生把这个叫做社交恐惧。毕业生晚会，现场看到学生，他们会微笑着跟辅导员打招呼，然后辅导员回到家就发现QQ上收到学生发来的告别的话，很感人也很温暖。有些辅导员感到奇怪，为什么不当面表达呢？学生会说：我现场看到你觉得很开心，但是我就不好意思说。同时，也要看到，他们接受新鲜事物能力强，个性张扬，敢于表达，渴望话语权与平等对话。他们是互联网的原住民，更愿意在网络上表达观点。部分学生甚至在网上曝光学校或者自己的隐私性话题，丝毫不考虑后果。善用网络沟通，渴望平等对话是年轻学生的一个鲜明特征。

3. 网言网语多。网民年龄的差异必然带来交流中的隔阂，语言的差异也是所有差异中最直观、最常见的。在网络社交中，一些词语和表情的含义得到了延伸，"呵呵"不是高兴而是无语，还有轻视的意思，简单的"嗯"或"哦"会让人觉得是心不在焉的应付。在活跃着大量年轻人的 QQ、贴吧、B 站、微博等网络平台中，各类"黑话"层出不穷。比如，在 90 后的语言体系中，用"方"表示慌，用"糊"形容过气，事情失败，用"吃土"表示穷。"555"等于哭，"2333"是"哈哈哈哈"的意思，而"666"表达情绪的用法更是随处可见。"基操勿6皆坐""流泪了 zqsg""我害怕 ssfd"，中英文结合的弹幕在视频网站中越来越多地出现。yyds（永远的神）、hyq（好友圈）、dbq（对不起）等等，这些英文简写更让人摸不清头脑，自称一派的"00"后话语体系实为防止被人破译，从而进行精准社交。

这一点要多说几句。网络流行语是语言中最新兴、传播快的词语，而且更新速度快，这符合年轻人喜欢新鲜事物、容易接受新词语的特点。从"比心""奥力给""打 call"等生动形象的社交词汇，到"505""666""999"等看上去不理解的"数字密码"，再到"敲""造""方"等表达情绪的新鲜用法，听不懂 00 后在说什么的 70 后和 80 后们"感受到一万点伤害"，如果说 90 后用特殊符号和神奇汉字发明了"火星文"，那么 00 后就是靠拼音缩写体打下了潮语的半壁江山。

4."表情包"多。"表情包"已经成为网络交流中喜闻乐见的事物，用图片表达想说的话和情绪，它弥补了文字聊天可能出现的歧义，化解了尴尬，丰富了聊天的乐趣，让聊天成为一种娱乐方式，表情包一经诞生，就基本统治了年轻人的社交圈。搜狗输入法大数据团队联合共青团中央发布了《中国青年网民网络行为报告（2016—2017）》，对我国青年的输入习惯进行了研究，统计数据显示，表情包已经成为了网民们聊天时必不可少的工具。"一言不合就斗图"是当下更多青年人聊天的喜好。

辅导员发的表情包是不是学生喜欢的表情包呢？一个辅导员给学生开班会，讲到网络礼仪的时候提醒了一句：因为网络无法看到表情听到声音，所以为了避免误解，同学可以附带一个"微笑"的表情包。学生哄堂大笑：老师，那就更可怕了。辅导员才知道原来微笑的表情包在年轻人看来代表假笑与嘲讽。

在大学生的手机里，一般有三套表情包，第一套是操作系统中发布的统一图组，这些表情集中统一，数量有限，也是他们和长辈、老师经常发的图。其次，会有一套搞笑的表情包，相对中性、温和，一般在普通朋友之间交流使用，属于万能图，发对发错影响不到聊天的节奏。而最多的表情则是一些私密的表情，在好友、闺蜜、情侣等之间常用，对于他们来说，语言文字交流已经被表情包斗图所取代，年轻人用表情包建立了具有独特审美和价值体系的专属表达交流系统。

5.电子资源多。因为网络阅读的便捷性与即时性，学生现在更多地喜欢通过网络阅读一些电子资源，包括一些玄幻和言情的主题，但是阅读经典书籍较少。有个辅导员在备形势与政策课，第一张PPT中，引用了一段话：这是一个最好的时代，这是一个最坏的时代，这是充满智慧的年代，也是充满愚昧的年代，这是一个充满希望的春天，这是一个绝望的冬天，我们面前应有尽有，我们面前一无所有；我们正在向天堂飞升，正在向地狱滑去。一个学生说，我知道这句话是谁说的，这是郭敬明在《小时代》里讲的。辅导员啼笑皆非，跟学生说，这话写得好吧？因为这句话是狄更斯的经典小说《双城记》的开头。这段话在历经了百年以后仍然让大家喜欢，仍然能够被郭敬明引用和使用，说明它是经典，当然也说明，你能敏锐地捕捉到其中的美好，希望你能多阅读经典作品。但是这从另外一个侧面说明，因为网络的影响，学生阅读经典书籍的门槛也在变化。

6.网购多。以电子媒介为平台的消费文化悄然改变着年轻人的购物习惯和消费观念，购物基本上都靠购物网站，消费不只是按需消费，还有炫耀式或者享受型消费。每年的6.18和双十一，学校快递驿站堆积如山的包裹，中午和晚上的饭点，各个门口拥挤的外卖小哥都是学生购物基本靠网络的直接证据。值得注意的是，逛街反而成了学生社交的手段之一。

7.娱乐精神足。相比建构，00后更擅长和着力的是对这个世界进行解构，娱乐精神是娱乐需求在精神满足上的体现。他们很容易也很愿意去解构那些看起来高大上的事物，用戏谑的态度来对待一些庄严的事情。然后用表情包或者段子的形式在他们的个人空间内传播，就比如每个学生可能都会有自己老师的表情包。但是，娱乐精神过头就是恶搞与消解、颠覆主流价值，这是需要引起重视的。

8. 后喻文化明显。通俗地说，前喻文化是年长者向年轻者传授知识，年轻者向年长者学习的文化；同喻文化是指同代人相互学习的文化；后喻文化是年轻者向年长者传授，年长者向年轻者学习的文化。当今社会，世界由互联网、知识经济和流行文化组成，年轻人掌握了更多的知识与科技，他们在虚拟的世界就可以获得之前需要向长辈学习才可以获得的经验与知识，而如果年长的人在经验与思想上没有与时俱进，就不得不向年轻人学习。

9. 情绪化表达多。因为网络的隐匿性、开放性，使学生获得了充分表达自我与释放情绪的平台；网络成为大学生释放非理性情绪的空间，在现实生活中隐匿的情绪很容易在网络上得到发泄，缺乏理性的情绪化表达也比较常见。

虽然我们总结了很多变化和特点，但是我们依然要明确，00后大学生的核心诉求和主要需求没有变化。无论是哪个时代的学生，无论学生在网络上表现为什么特征，他们最本质的需求都没有改变，那就是渴望求知、渴望认同、渴望被理解被尊重被看见。"某种意义上说，这些网络亚文化蕴涵着调侃和娱乐因子，更多体现了一种心理层面的无奈、消遣和宣泄，也在一定程度上反映了大学生对自身话语权的关注、自我价值的展现及寻求被他人认可的动机。"[1] 作为辅导员，除了关注学生的行为特点外，还要关注到学生网络行为背后的需求。

再说说做好工作的需要。青年学生在哪里，思想政治教育就要在哪里，辅导员就要在哪里，辅导员的工作就要在哪里。

因为网络的信息容量大、传播速度快、覆盖面广等特点，大学生成为使用网络的最大群体，对互联网的依赖程度也越来越高。[2] 但是大学生的思想、情感、心理也被一些混杂着非法、色情、错误的信息冲击，一定程度上影响了大学生的成长成才，给高校思想政治教育工作带来巨大挑战。这样庞大的网络空间，思想政治教育如果不进去，其他信息就会趁虚而入。

我们先来看一组数据。据中国互联网络信息中心发布的第 49 次《中国互联网络发展状况统计报告》（2022 年 2 月）显示，截至 2021 年 12 月，我国网民规模达 10.32 亿，互联网普及率 73%，手机网民规模也达 10.29 亿，网民主体仍然是 10—39 岁人群，其中 10—19 岁占比 13.3%，20—29 岁占比 17.4%，30—39 岁占比 19.9%。总体而言，在网民规模中，学生群体最大。由此可见，如今的社会是网络社会，学生是上网的主力军，互联网是他们获取信息主渠道，

① 方亭等：《从网络热词解读草根文化特征》，《新闻爱好者》2011 年第 21 期。
② 方怀峰：《拓展工作空间开辟高校网络思政工作新途径》，《中国高教研究》2001 年第 11 期。

这是时代发展的趋势，简单说，就是无人不网，无时不网，无处不网。

现在的大学生基本出生于 2000 年左右，一出生就接触网络。他们所面对的环境是复杂的，获取信息的渠道是多元的。高校是社会思想的"晴雨表"，当前，高校网络意识形态工作总体保持向上向好态势，互联网在意识形态斗争中"主战场"和"最前沿"的地位已经形成并将持续巩固。但必须意识到，敌对势力从未放弃利用网络等各种手段对我国大学生进行意识形态渗透与文化侵略。近年来，一系列事件表明，境内外敌对势力勾结、联合发声，以网络为反宣"主渠道"，以外媒为炒作"吹鼓手"，以香港为渗透"桥头堡"，同时，在国内物色、培植代理人，所谓的"公知""大 V"不时发起意识形态的争论，诋毁、攻击、唱衰中国发展，在一定程度上动摇了学生的信仰。意识形态领域，如果主流声音不去占领，就会被敌对势力占领。所以要不断打造新型传播平台，建成新型主流媒体，扩大主流价值影响力版图，让党的声音传得更开、传得更广、传得更深入。

另外，纷杂难辨的信息也在影响着学生的价值取向。一些网站为了追求流量，迎合网民的低级趣味，在网上发布暴力、色情、虚假信息，大学生接受新鲜事物强但辨别能力较弱，这些低俗信息的出现对大学生人格的养成、价值观的塑造造成了很大的负面影响。部分大学生因缺乏自律而出现了沉迷网络、荒废学业、人格滑坡、迷失自我、人生理想庸俗化等现象。

疫情的暴发让很多人措手不及，停课不停学成为常态，日常思政的相当一部分工作都要通过网络进行，这也让网络思政成为高校思政工作的主要形态。网络思政工作被大规模、系统性、深层次地应用，临时性跃升为学校思政工作的主要形态，其教育实效得到社会各界的普遍肯定。正如马克思所说："在我们这个时代，每一种事物好像都包含有自己的反面。"[①] 凡事都是两面，挑战的背后是机遇。一方面要正视网络带来的挑战，另一方面也要充分认识和把握网络所给予的机遇，比如教学方式的更新，技术手段的先进，教育阵地的更新与互动性增强等。我们要抓住机遇，抓住网络思政的主动权，"互联网已成为高校思想政治工作的最大变量，思想政治工作过不了网络关，就过不了时代关。"[②]

国家也注意到了网络思政的重要性。2000 年，教育部下发《关于加强高等学校思想政治教育进网络工作的若干意见》，推动了网络思想教育的快速发展。2007 年 10 月，党的十七大明确提出了"加强网络文化建设和管理，营造良好网络环境"的任务，将其摆上了党的重大工作部署的议事日程。党的十八大以来，以习近平同志为核心的党中央高度重视网络文化建设和青年思想政治教育工作，在全国高校思想政治工作会议上，总书记强调："要运用新媒体新技术使工作活起来，推动思想政治工作传统优势同信息技术高度融合，增强时代感

① 《马克思恩格斯选集》第一卷，人民出版社 1995 年版，第 775 页。
② 张文斌：《着力构建网络育人质量提升体系》，《中国高等教育》2017 年第 Z2 期。

和吸引力。"也正是基于此，我们的工作职责就有了网络思政教育的内容。《普通高等学校辅导员队伍建设规定》中对辅导员的主要工作职责进行要求，其中第六条是网络思想政治教育。要求运用新媒体新技术，推动思想政治工作传统优势与信息技术高度融合。构建网络思想政治教育重要阵地，积极传播先进文化。加强学生网络素养教育，积极培养校园好网民，引导学生创作网络文化作品，弘扬主旋律，传播正能量。创新工作路径，加强与学生的网上互动交流，运用网络新媒体对学生开展思想引领、学习指导、生活辅导、心理咨询等。所以，开展网络思政，也是辅导员工作能力的重要体现。

在信息多元的互联网时代，在学生可以自由在网络上发出声音的时代，在学生三观逐渐完善的关键时期，辅导员必须高度重视互联网给思政教育工作带来的变化和影响，创新工作方式，"主动占领网络思想政治教育新阵地。"[1]"要加强互联网思想政治工作载体建设，运用大学生喜欢的表达方式开展思想政治教育。"[2] 这意味着网络思政教育已经不是选修课，而是必修课，是高校辅导员九项工作职责之一，也被列入《高校思想政治工作质量提升工程实施纲要》规划"十大育人"体系。

---

[1] 《中共中央国务院关于进一步加强和改进大学生思想政治教育的意见》，中发〔2004〕16 号。

[2] 《中共中央国务院关于加强和改进新形势下高校思想政治工作的意见》，中发〔2016〕31 号。

辅导员做好网络思政，不仅可以提升辅导员的写作能力，也可以通过直播等平台提升语言表达能力和临场应变能力；不仅可以增进与学生的距离，还能提升个人能力，在权威型和亲和型之间找到平衡。如果辅导员只有权威感，学生有问题也不敢反映，可能发通知的时候令出必行，但是因为亲和力不够，所以很难发现学生的心理问题，容易失去学生的信任。如果只有亲和力，也不行。学生通常称呼他们为哥哥姐姐，这样的辅导员和学生关系亲密，但是权威感不够，工作缺少边界和底线，不仅容易累，也容易在处理危机事件的关键时刻缺少权威感。在这个情况下，网络思政就是一个非常好的平衡方式。比如网络上可以让文字温暖细腻富有诗意或者幽默风趣富有亲和力，但是工作中也可以干脆利落、严宽相济，这样就可以实现两者的互补。

二、网络思政教育，步步为营

前面说完了"为什么"，接下来重点聊"怎么做"，为了方便大家梳理和掌握，我们简单把流程总结为"五部曲"，也就是五个"有"。

第一，要有平台。很多辅导员想要做网络思政，遇到的第一个问题就是不知道如何选择平台，有的会随便选一个，有的会跟风选一个，在已经有诸多前辈做过很多探索的情况下，这些都不是合适的做法。

多数辅导员都见证和经历了从 QQ 空间、博客、人人网、微博再到微信公众号再到短视频的这一网络平台发展过程。近年来，微信的使用人群越来越多，成为社交软件的首选，不过我们要注意到趋势和变化，那就是如今微信的使用人群年龄都偏大，而年纪较小的用户，特别是 00 后，基本都选择在 QQ 上交流。腾讯发布《00 后在 QQ：2019 00 后用户社交行为数据报告》，报告显示，21 岁及以下月活跃用户量，2018 年第三季度同比增长 16%，第四季度同比增长 13%。QQ 仅 PC 月活跃用户就有 8.99 亿，App 月活跃用户数 6.66 亿，领先于微信，QQ 上的动漫、企鹅电竞、看点、游戏、兴趣部落等聚集了大量 00 后。

其实，变化不是从现在开始的。往前再看几年，腾讯科技旗下互联网产业趋势研究、案例与数据分析专业机构企鹅智酷在 2014 年发布《用数据读懂 95 后》年度报告，报告显示，在所有国内主流社交平台中，QQ 中 95 后用户占比最高，达到 44.36%，排名第二位的为 QQ 空间，95 后用户占比 40.82%，微信 95 后占比为 20.41%，排名第三位。2015 年发布的《95 后新生代社交网络喜好报告》也再次证明，QQ 是青年一代首选的社交平台。所以当辅导员还坚持在微信公众号进行思想引领的时候，我们别忘记了战场不是只有一个，学生在哪里，我们就应该在哪里。

当然，所谓知己知彼，我们需要在自己的兴趣特长和网络平台之间做最佳的匹配选择，简单说，既要平台合适，也要自己适合。所以，我们需要再来了解一下现有的平台。一般来说，网络思政可以通过五种形式进行：文字或图片、视频、音频、分享、社群。文字能够更好地承载故事背后的丰富思想和精神力量，短视频和音频可以在建构故事的同时产生情感张力和视觉冲击，声音简单直观轻松接地气。所以，如果辅导员觉得自己文笔比较好，可以选择文字和图片结合的方式，可以选择微信公众号、QQ 空间和简书；如果擅长视频制作，可以选择抖音、快手、视频号；如果擅长声音输出，可以选择喜马拉雅等声音平台；如果觉得自己没有时间经营平台，也可以通过建立社群或者直播的方式进行网络思政。总之，要紧紧把握"00 后"的网络阵地和网络话语规律，审时度势，熟知网站、APP、微博、微信等技能的使用，与大学生群体进行实时交流，实现思想政治教育话语"键对键"的传播。

但无论是文字、图片、音频还是短视频，形式虽然多元，但只要是为了教育，为了思想引导，它们所担负的使命、所承担的责任、所展现的真善美都应该是辅导员工作的智慧呈现，也应该是辅导员一旦决定就要长期坚守下来的载体。

很多辅导员在工作中会经常随着学生跑，今天学生喜欢抖音，辅导员就去注册一个抖音平台，明天感觉快手火了，辅导员又去注册一个快手账号，结果就是四面出击而没有坚守。虽然奔波于各个平台，忙于播种，却因为没有深耕，最后都没有换来稳定的生长。所以，还是要坚信内容为王，要相信能够吸引学生留下来的永远是平台经营者的真心、真情、真诚。

个人平台

文字图片	声 音	短视频	分 享	个人社群
微信公众号	喜马拉雅	抖 音	直播间	微信群
微 博	得 到	快 手		QQ群
知 乎	蜻 蜓	爱奇艺		知乎社群
简 书		视频号		豆 瓣
今日头条				

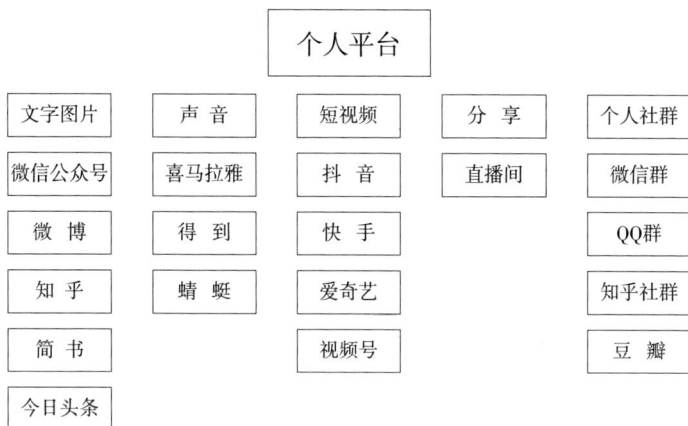

平台选好以后，接下来就像是面对自己的孩子一样，要起一个名字。名字是平台的标志，名字起得好，就容易有辨识度。名字要好听好记，不能太长，五个字以内为宜，也有不少辅导员同事的公众号就是学校和名字的组合。另外，名字最好能体现内容定位。用户看到你的名字会立刻产生内容联想，知道这个平台的行业和领域，所以很多公众号会把"电影""音乐""思政""网络""医生""健康"等关键词直接体现出来。同理，如果名字中含有"辅导员"，那一看便知就是面向辅导员的公众号平台。

第二，要有定位。平台搭建好以后，辅导员要对这个平台有一个准确的定位，清晰了自己的定位，才能让平台更为聚焦。

为了更好地聚焦和明晰定位，需要问自己三个问题：平台服务的对象是谁？对方想要什么？自己能给对方什么？

第一个问题是明确平台的目标群体。就是你的平台是给谁看的，不同的群体需要不同的语言风格。你要分析受众的年龄、现实需求和思想特征，根据他们的需求输出合适的内容。如果你的目标群体是大学生，那么就要对大学生的特点有准确的分析和把握。所以无论是写文章还是做短视频，作品创作之前要问自己一个问题：这是给谁看的，用什么身份标签比较好？作品完成以后都要问自己三个问题：主要表达什么观点，这个观点会有共鸣吗？读者读了我这篇文章能有哪些收获？文章里是不是能够有比较典型的场景从而产生代入感？

举个例子，比如南航徐川的公众号上有篇《辅导员，你的眼里要有光》，是山东大学范蕊主笔的文章，阅读量很高也引发了很多辅导员的情感共鸣。浏览量的背后是逻辑，很多人都看和转发，凭什么？为啥呢？通过文章来分析，是因为文章就是辅导员所写，表达了作为一名辅导员的日常感悟，文字中透露出来的矛盾、温度、感情，特别是其中谈到的辅导员工作的几个场景，让广大辅导员能够有很强的代入感，能够产生共鸣。

第二个问题是确定平台存在的价值，也就是你能给你的后台好友解决什么问题，尤其是随着后台服务人数增多了以后，核心定位就需要早一点明晰起来，是就业规划还是情感疏导，是心理咨询还是思想引领，相关栏目可不可以持续运营，等等，都是应该明确的。

第三个问题是了解自己。很多辅导员看到别的微信公众号写的内容点击量很大，也去跟风写，结果最后发现没有达到预期的效果，背后的原因就是对平台的内容没有准确定位。想要准确定位就涉及到如何选择一个合适的领域，可以有以下几个方向选择：第一，目标群体需要的；第二，自己喜欢的；第三，自己擅长的。比如，如果你的平台目标群体是大学生，那么辅导员可以根据自己的专业特长，选择某一领域不断探索，比如学生都需要的技能提升、情感需求、开拓眼界等，选择其一进行深耕细作即可。如果你的平台定位是服务辅导员，那就类似于朋辈辅导和自我教育，通过领先一步甚至半步的探索，来围绕着辅导员的日常工作和思想困惑进行安排设定，成为辅导员同事们交流和分享的聚集地。

第三，要有活力。所谓平台的活力，也就是生命力，是让学生能感知到平台的存在。辅导员从事网络思政是为了走近学生，联系学生，归根结底还是要落到立德树人上，落到为学生服务上。既然是因为学生而存在，那么学生会不会、愿不愿和平台有互动，是一个网络平台是否有生命力的最直观体现，也是决定一个网络平台是否成功的根本因素。

有一些平台也经常更新，创作出来的内容也很用心，但是后台却极少有留言互动，学生也很少就自己的困惑在后台倾诉。分析起来，一般有两个原因，一是选题和创作内容并不是学生喜欢的；第二个更重要的原因极有可能就是当学生有留言互动的时候，运营者往往并没有认真及时回应和反馈。时间长了，平台的互动黏性降低，生命力也就不容易维持。反之，我们看到有些公众号如"南航徐川"更新频次并不规律甚至数月不推文，却依然能常年维持30万的用户数，这也是因为前台虽然冷清，后台一直热闹。所有后台咨询一直在每天回复和应答，可以让平台成为广大用户的沟通枢纽，维持情感连接，让没有生命的平台变成了有生命力的窗口。

要成为一个有生命力的平台，有八个字可以参考：以情化人，倾听回应。

以情化人，就是说内容要有真情实感。不管你是写文章还是做视频都要体现出制作者的情感和态度（当然这所有的态度和情绪都应该是理性而非情绪的宣泄），而文章想要有真情实感，就要求作品在创作的时候，能够打动自己，感动自己，如果自己"不为所动"，却想"以心换心"，想来难度也非常大。

倾听回应，就是要给予所有留言的人以回应。每个学生来找辅导员倾诉的时候，有的带着问题，有的带着答案，他们都需要找人倾诉，寻找回应。而这些可贵的信任都是辅导员从事网络思政最重要的积累和生长点，所以一定要保证所有在后台的提问都可以得到回应，得到理解，得到关注。事实也证明了这一点，有个辅导员给学生回复后，学生的反馈让她一直都记得："其实我们每个人提出疑问的时候往往心里都有答案，或许是不想承认自己是梦想的逃兵，或许是想得到别人的肯定，我们是多么惧怕未知，可是忘了世界本身就由未知组成，难以描述我有多感动，感谢你愿意倾听一个普通人内心的波涛汹涌。"

也就是这些学生的后台互动，能让辅导员获得越来越足的底气和成就感，获得将一个别人眼中可能没那么重要的平台一直坚持下去的最大动力。网络思政最重要的就是坚持，但是我们也要看到，很多辅导员选择网络思政是觉得出成果快，有显示度，容易被别人看到。方向错了，道路走起来就会变得艰难，所以很多辅导员坚持了一阵子，发现无论是浏览量还是后台粉丝数都没有很大的起色，就会选择放弃或者转战别的平台，然后一番忙碌之后依然没有实现预期。自媒体的运营需要时间的积累，我们获得情感的黏性和信任也需要时间。这是每一个运营网络平台的人都必须了然于胸的。

另外，还要强调一句，我们选择的方向往往也在塑造着我们自己，所谓教学相长，我们每一次的原创和自己对一个话题的认真分析，都是对我们自身知识的一次梳理和清理，都是一次难得的用心成长，这每一步其实也都算数，都会在未来兑换成自己的质变。很多人觉得原创很难，就做信息的搬运工，转来转去虽然也是一种路数，但是终究还是丢了初心，丢了自己运营公众号最开始的热诚，丢了成为更好的自己的可能性和必然性。

第四，要有特色。好看的皮囊千篇一律，有趣的灵魂百里挑一。每个人都是独立的个体，所以，每个平台也都有和要有自己不一样的风格，一个平台能够被人记住并且长期关注一定和这个平台的独特风格有关。那些千篇一律的、同质化的、搬运转载的公众号总是很难让人长时间关注和记住，因此，我们需要打造出属于自己的风格。

不过，我们首先想强调的一个词，是实践。也就是说，特色是实践出来的、尝试出来的、探索出来的，不是想象出来的、估摸出来的、臆测出来的。

那该怎么实践呢？

写作是基础，发布是过程，传播正能量才是目的，而检验传播效果的一个参考标准就是浏览量，也是我们寻找特色的最好参考指标。辅导员写的文章或者拍的视频到底有没有走进大学生的心里？风格到底是不是青年人喜欢的类型？这些问题都能从浏览量中得到答案。如果想成为一名在网络阵地精耕细作的辅导员，如果想通过探索来形成自己的特色，就需要在文风、传播等方面多做些尝试，要试着熬一下"鸡汤"，写一写"心得"，谈一谈"热点"，试一试小情绪、小清新又或者大格局、大情怀。从世界、国家到校园、家庭，每个话题都与学生认知与成长相关，我们要找到这种链接，这种关联，这种肯綮，然后再试试表情包、小段子，有条件和基础的还可以根据主题原创动漫或美术作品为配图，等等。通过反复的写作和尝试，找到规律，找到密码。

应该承认，肯定会有挫败的时刻，不光是阅读量，也因为迷茫。比如，列举了电信诈骗案例及常见手段，还是有学生上当，把"校园贷"的套路和危害做了深层次的剖析，仍有学生深陷其中。而很多辅导员撰写的正能量文章，精心策划的 H5，使尽洪荒之力推送，阅读量过千都困难；相反，一些生活琐事、娱乐八卦能引起"吃瓜群众"的极大兴趣，这背后的原因是我们输出的内容还没有在学生中形成自传播，也提醒我们关注新媒体带来的话语体系变化。

平台的特色和运营者的专业背景、生活阅历、人生或工作经验、视野格局、情绪管理能力、性格特质等有关。风格的形成是多个因素的长期叠加，有些是短期无法打磨出来的，比如语言风格的改变和塑造；有些则无法靠技巧实现速成，比如作者的世界观、人生观和价值观等。

小结一下，特色不是短时间可以形成的，需要的是长时间的坚持，不断地输出知识、输出经验、输出感悟后，加上个人的温度，慢慢形成特色风格和个体品牌。

第五，要学会积累。我们使用的素材就像自然界的资源一样，早晚会有耗竭的时候，所以，辅导员要通过读书、学习和与人沟通不断积累素材。这里分享八个字：发现、反思、收集、分享。

发现是指要用心观察周围的人和世界，我们每天上下班，穿过校园，走过马路，会看到形形色色脚步匆匆的学生或者行人，他们每个人背后都有不为人知的故事；路边摆摊的人，也都有着自己的喜怒哀乐；我们每天会见到无数个学生，每一个学生也都有他的成长经历和人生故事，这些都是素材，这就要求辅导员用心去观察，用心去体会。

反思指的是要多问为什么。每一件事情的发生都是有原因的，学生之间发生了矛盾，辅导员处理的时候可以多问几个为什么？那个同学为什么会说那样的话？一个学生寒暑假不愿意回家，辅导员也要多想想为什么？她和家人出现了什么样的问题导致她有家而不愿回？每一件事情的背后都有形成的原因或者道理，辅导员要从事件中抽离，看到背后的问题。

收集的意思是辅导员不光要善于发现，也要善于记录。好记性不如烂笔头，无论何时何地，听到了好的故事或者想到了好的句子或者灵光一现需要记录的时候，一定不要高估自己的记忆，要立刻记录下来。手机上有很多可以记录的软件，或者也可以使用自带的备忘录，养成随时记录的习惯。

分享的意思是用自己的语言把故事分享给别人，可以是口头的，也可以是文字的，这是锻炼自己思考并且把所看所想转换为故事的能力。

模仿是学习的开始，我们也都不是盲目摸索，我们身边有很多可以参考和借鉴的素材，比如微博热搜、微信指数、经典小说、电视剧、电影、微信公众号的爆款文章、知乎社区、TED 演讲、视频、短视频、亲身经历、朋友的故事、学生的故事等等，都是很好的研究对象。提醒一下，要注意版权和尊重，借鉴但是不能抄袭别人的文章，还有就是如果写朋友或者学生的故事，要征求别人的意见。

还是要有一些坚定的信念：每一个人的付出都是有价值的，每一步的付出都是有价值的，我们要的只是积累更多的积木和拼图，为的是在未来拼出一个更大更好的世界。所以我们不能自我封闭、固步自封，如果你一直在你的舒适区里面不愿意出来，那就肯定没有办法见证一个更大的世界。如果我们愿意把时间和精力放在提升个人能力和自我成长的这个方向上，就一定会发现脚下的路会越走越顺，越走越宽，不知不觉间，那些曾经觉得遥不可及的甚至都不敢想的机会已经等候在你前行的路上。

三、网络文章写作，起承转合

前面先说了为什么要从事网络思政工作，也讲了网络思政平台的运营原则，最后我们来进入实际操作的层面，来谈一谈具体的平台运营和文章写作。

先说说平台的内容设置问题。

首先，要设置栏目。所谓栏目，也就是准备聚焦哪些类型、准备写作哪种风格的文章，是社会热点还是心理知识，是思想困惑还是职业规划，是朋辈交流还是面向学生，等等，这都是栏目的可能选项。比如"南航徐川"微信公众平台开设了"节日谈""答学生问""党课""书单""传统文化课""特稿""听我讲故事""演讲""碎碎念"等十余个栏目。栏目的设置和试探通常要结合运营者的兴趣和特长，这是个双向试探的过程。因为这意味着运营者在这个领域的深度和广度，意味着可持续输出，意味着通过跟受众的互动而不断确认发展可能。

其次，要学会叙事。所谓叙事，也就是怎么陈述，怎么表达，怎么讲故事。讲道理不如讲故事，故事要伴着道理讲，道理要融进故事说。我们跟学生说你要注意安全，你要爱国，你要团结同学，你要爱你们的父母，这些都是道理，是事实，是正确的引导，但是学生不爱听，不想听，听不进去就发挥不了作用。做网络思政更要学会讲故事。从穴居时代起，人类就养成了喜欢听故事的习惯，类似如何打猎、如何生火的技能和经验也作为故事，在一代又一代人的转述中得到传递和传承。

有个辅导员讲过一个故事，她有轻微的脸盲症，很难记住人的脸和名字。有一次她去做讲座，一个学生走过来说："老师，两年前，你是不是在某某报告厅做过一场讲座？那天我坐在最后一排，听你说了这么一句：所谓的归属感，不过是我需要的时候，你会和我在一起。那几天我正好状态不好，听您说完这句话，我在下面哭得稀里哗啦。"这个女孩子讲完以后，这个辅导员立刻记住了她的样子和名字。因为这个信息是伴随着一个故事进行的，所以一个应景的故事，要比正经八百的自我介绍、简历、名片等更让人印象深刻。

事实上，优秀的网络平台运营者和写作者、优秀的网络思政工作者也都擅长讲故事，通过一个个生动的故事让受众感悟道理，接受观点。另外，天边的故事不如身边的故事，用大学生喜欢的语言风格讲述他们喜欢听的、发生在身边的故事也很关键。每个人都活在自己的故事里，所以当辅导员想用一个故事就影响学生的时候，可以遵循的一个重要原则就是选择容易有共鸣和容易代入的故事。比如，那些发生在学生身边的真实故事，或者真实的人的故事，或者和学生的日常密切相关的故事，哪怕是讲述名人故事，也尽量选择名人的青少年时代的故事等等。因为只有共同的经历、共同的感受、共同的场域才容易让受众走进故事，产生共鸣，从而接受故事背后的道理，潜移默化地完成教育的功能。

那么问题来了，如何讲好一个故事呢？我们从三个环节跟大家聊聊具体的操作方法。

首先是标题。文章或者分享的标题要能够让人印象深刻。对于辅导员经营的平台而言，标题既要符合学生工作实际又要接地气，既要符合学生心理又要简单大气。常见的方式有：

热点型标题：结合当下的热点，比如《愿每个乡下的小土猪都能遇到引导他的人》《如何在一场马拉松比赛中爱国？》。

震撼型标题：《太震惊了，大学校园里竟然有开心农场！》《15 岁读大学，19 岁硕博连读，25 岁放弃百万年薪，她图的啥？》。

对话型标题：《上了大学就轻松了？你开什么玩笑！》。

刚需型标题：《点进来，让你考试不焦虑》《如果你发现自己抑郁了，怎么自救》《关于恋爱，你不知道的十个冷知识》。

提问型标题：《我们为什么会分手？》《考试前你为什么会焦虑？》。

其次是情节。无论是什么故事情节，一般都是围绕着冲突进行，那么遇到冲突、解决冲突就是常见的故事架构。所以当你不知道如何写故事或者讲述一个故事的时候，最简单的方法就是设置冲突，来自主人公内在或者外在环境的阻力就可以让故事活起来。有位聪明的老作家曾说："把你的主角放到树上，朝他丢石头，再放他下来。"丢石头就是给故事的主人公设置障碍，制造冲突，放下来就是让他来解决冲突。比如，我们讲述一个辅导员帮助学生的故事。学生的内在冲突就是被调剂到了一个不喜欢的专业，内生动力不足导致学习动力不足；当辅导员用尽各类办法让他开始接受现实准备好好学习的时候，他的女朋友又和他分手，这就是外在环境的障碍，于是辅导员在不断地处理冲突中解决了问题，也树立了形象。所有故事都可以按照这两个环节进行架构，也就是目标—冲突—解决，循环往复。

最后是技巧，也就是我们常说的起承转合。

第一步，起：也就是起一个开头。无论是任何形式的思政作品，视频也好，文字也罢，最能让学生看下去的永远是开头和结尾。开头一般有确定基调、引起下文、抒发情感的作用，一个好的开头要满足四大因素：设置悬念、提出问题、描述场景和简述故事。

我们来看下面的两种开头方式：

第一种开头方式：昨天晚上，一个学生忽然给我打电话，说她现在失恋了，喝了很多酒，一个人站在天桥上看着车水马龙的街道，感到非常难过。于是，她想起了我。

第二种开头方式：周日，深夜，我的手机铃声忽然响了起来。准确摸到手机，电话里，一个女孩哭泣的声音伴随着车水马龙的喧嚣声传了过来："老师，我正在学校旁边的天桥上"。我的心急速跳了起来，匆忙穿上衣服，走下楼，向校外走去。

显而易见，大家更容易被第二种开头吸引。但第一种开头却是很多辅导员最喜欢用的开头，开门见山，平铺直叙，可以直接交代故事的背景，让读者一目了然。但是，文似看山不喜平，这种讲故事的问题也在于直白，如果不能短时间内快速吸引读者注意，就很容易让人失去继续阅读的兴趣。而第二种方式则没有直接告诉你故事的背景，而且几句话就设置了冲突和场景，用设置悬念的方式吸引学生的注意力。

类似的开头方式还有：

①这是我工作多年来，第一次见到有这样的学生。

②很多人问过我一个问题，但是我一直不知道该怎么回答？

③北京时间凌晨两点半，我忽然被电话铃声惊醒，我以为是学生出现了问题，接通后，家长的谩骂声扑面而来。

④又是一年一度的高考，每到这个时候，我的心情都会五味杂陈，那一年，我考砸了。

⑤天空阴沉灰暗，厚重的云朵挂在天边，空气中漂浮着海边特有的生冷的味道，似乎要下雪了。一个老师走进学生的宿舍，她拉开窗帘，走到3号床前，一把扯开被子。

……

上面这些文章的开篇都有构思和设计。每个人都有好奇心，特别是年轻的学生，设置悬念的开头方式非常容易调动起学生的好奇心，激发他们继续阅读的兴趣。这也是 TED 演讲、脱口秀的时候经常使用的开头方式。

另外常用的开头方式还有幽默分享型、经典引用型等，但是无论哪一种开头方式，开头一定要紧扣文章主题、语言生动、内容有创意。

第二步，承：故事进展，缓缓铺陈。承，顾名思义就是承上启下，就是详细交代一个故事的背景。有的作品会在开头就交代了背景，但是比较简单，到这一步就需要进一步交代背景，承上启下。

比如第一步的开头：周日，深夜，我的手机铃声忽然响了起来。准确摸到手机，电话里，一个女孩哭泣的声音伴随着车水马龙的喧嚣声传了过来："老师，我正在学校旁边的天桥上。"我的心急速跳了起来，匆忙穿上衣服，走下楼，向校外走去。

这是一个很好的开头，开头就简单交代了背景，一个女孩在天桥上哭。但是太简单，那么第二步，就需要一个承接的段落。

我一边走一边在脑海里调动起这个女孩的所有材料，她叫万宝珠，是一个很漂亮但是也很娇气的女孩，军训的时候经常找理由休息。家是东北的一个地级市，独生女，父亲是公务员，母亲做生意。学习成绩一般，但是喜欢唱歌跳舞，在吉他社团做会长，男朋友是街舞协会的会长。大半夜她跑到天桥上，最大的问题应该是恋爱问题了。正在猜测间，我一抬头，看见了她孤独的背影。

到这一步，故事的主体部分就立住了，也给了受众和读者充分酝酿和确立一个故事导向的铺垫。

第三步，转：利用冲突，讲好故事。无冲突，不故事。一个能让学生共鸣的故事，一定是充满冲突的故事。思政工作本身就是直面冲突、解决困惑和化解矛盾的过程。所以其中必然有很多的节点本身就是冲突，本身就有故事性和戏剧性。讲述故事如果一路平铺直叙下去是没有力量的，有力量的故事，都伴随着冲突。这就好像水一路流淌下去激不起浪花，要有石头，有拐角，有突如其来的阻挡，这就会有力量。不过如何找到冲突并用文字记录下来，也考验写作者的功底和功力。

说了半天，究竟什么是冲突呢？我们随便举个生活中的例子。

一个从事网络思政的辅导员发了一条短信给一个辅导员网络名师。

"您好，我是某某大学的一名辅导员。我已经工作八年了，和您一样，经营了一个微信公众号，也很喜欢帮助学生。但是，我遇到了职业生涯最大的困惑，我很迷茫，我觉得只有您能给我一些建议。"

你看，这是一条不复杂的短信，甚至是很多人常用的叙述方式，不过这背后就有冲突。怎么这么说呢？如果他这么发短信：您好，我是某某学校的一名辅导员，我工作八年了，有一些迷茫，你能给我建议吗？这就是叙述，因为没有冲突，冲突是什么呢，就是那个但是（我遇到了职业生涯中最大的困惑）。冲突可以是自己跟自己的冲突，可以是环境与自己的冲突，也可以是别人跟自己的冲突。不管是哪一种，效用都很明显，冲突可以增加故事的张力，吸引读者的注意力。

最后一步，合：写好结尾。好的结尾一定要和开头遥相呼应，帮助读者总结文章内容，加深印象，同时升华文章主题，提出行动建议或者号召，激发读者共鸣。一般来说，有三种结尾方式：

提炼核心，总结全文。在结尾的部分梳理文章观点，总结个人感悟，加深读者的印象。很多网络文章经常使用这种方式。"可是当他们一个个离开，看着他们离去的背影，吾辈该如何？心慌可以，紧张可以，但是，不能彷徨，不能无助。活在当下，用认真的态度对待生活，对待工作，对待同胞，在某个领域认认真真，勤勤恳恳，好好学习，天天向上，用自己微薄的力量，守护脚下的每一片土地。我们在，下一代人也就心安。"

抛出话题，引发讨论。自媒体写作或者视频制作，话题就是流量，如果结尾可以制作话题，就相当于为读者提供了"素材"。如：十年了，校园还是当年的模样，听过这个故事的同学却已经毕业多年，但是故事里的爱而不得的遗憾依然还在校园里上演。我想，每个人身边可能都有这样的故事，这样的人。我想知道，有多少人，嫁给了自己的大学同学？

经典语句，制造共鸣。结尾用名人名言结尾是一种写作技巧，特别是那些充满正能量的句子，会有意无意地激发用户的积极心态。比如："在练习表达的这条路上，别着急，慢慢来，就像胡适先生说的一样：进一寸有一寸的欢喜。我其实也和你一样，正在感受这一寸又一寸的进步与欢喜。"

网络修炼已经临近尾声，我们还是要强调一下"面对面"和"键对键"的关系。这两者并不是互相对立，更不是彼此替代，而是互为补充，需要综合运用。因为很多线下思政教育的工作内容会延伸到线上继续讨论和解决，而很多线上发现的问题端倪，也可以根据需要随时转移到线下面对面沟通。尤其是伴随着互联网衍生的很多新问题，如网络诈骗、网络贷款、网络谣言、网络舆情、网络交友等，更加是需要线上线下的综合发力来做好思政教育工作。

前面我们聊了为什么，从流程上说了怎么做，也从操作层面详细说了具体的写作要点，剩下的就是修炼和行动了。当然，运用之妙，存乎一心。一切都是手段，一切都是方式，一切都会在"柳暗花明又一村"的选择中确定学生为本的价值指向，一切都会在"条条大路通罗马"的选择中通往立德树人的育人坚守。

所以，最后，一句真诚的祝福：让我们一起，在云上的世界里共同书写属于辅导员的另一方精彩。

第七项

规划修炼

小时候，我们最经常被问到的问题通常是"长大了想干啥？"

漫长的求学生涯里，我们心中有一个目标叫"毕业后，想干啥就干啥！"

然而，大学毕业前很多人最困惑的问题就是"毕业了到底该干啥？"

当年的我们曾经如此，而今我们的学生亦然，关于未来和生涯的话题始终伴随着我们的成长，所不同的是，今天的我们已经可以陪伴成长、引领成长。

对辅导员而言，生涯规划修炼很重要。

这是工作职责的需要。"职业规划与就业指导"是《高等学校辅导员队伍建设规定》中高校辅导员应该履行的九大工作职责之一，而辅导员要真正地成长为学生的知心朋友，就要做好生涯育人、就业育人工作。

这是学生发展的需要。曾有人这样自嘲大学生活：大一不知道自己不知道，大二知道自己不知道，大三不知道自己知道，大四知道自己知道。也曾有人会反问一句："谁的青春不迷茫？"其实大学生迷茫和彷徨并不可怕，可怕的是在迷茫和彷徨中最终迷失了自我，真的就把自己的大学生活活成了鲁迅先生的系列著作——大一彷徨、大二呐喊、大三朝花夕拾、大四伤逝。

这是自身发展的需要。我们常说要教学相长，我们也说要同向同行。高校辅导员立德树人无处不在、无时不有，做一名优秀的高校辅导员既要让自己所带的大学生生涯自信，更要让自己的生涯自信，只有师生共同达到个人理想的生涯目标才是完美的。

所以，面对生涯规划修炼之路，我们一起上路吧！

一、生涯规划的首要任务

首先，我们来看看生涯规划如何传道，也就是如何才能帮助学生更好地建立目标，明确人生的价值与意义？如何才能帮助学生更好地探索自我，了解职场，科学决策？如何才能帮助学生更加坚定地前行，管理自我，抵抗诱惑？

知己知彼，百战不殆，生涯规划首先要完成两大任务，一是自我认知，二是职业世界认知。

（一）自我认知

一个人的生涯规划之路是一场跟自己谈恋爱的体验之旅，更是一场与工作恋爱并能同时在家庭生活中收获幸福感的具体社会实践。认识自我，从四个方面入手。

第一，要了解性格。啥是性格？我们谈论性格的时候，是在说一个人的思想、态度、行为和情绪的综合体，我们需要认识、了解、接受、悦纳、改变和调整自己的性格。性格很复杂，你看鲁迅，可以"横眉冷对千夫指",也可以"俯首甘为孺子牛",这是性格的丰富性。性格能改变,所以也可以"干一行,专一行"。即使性格很内向,但是到了公关或者人力部门,也可以通过工作实践锻炼不断适应和提高。

第二,要坚守初心。什么是初心?初心就是在我们思想意识成熟后,逐步建立并确立的美好世界观、人生观和价值观。其中,价值观是我们在生活和工作中所看重的原则、标准或品质,是一套自我激励机制,是驱动人生奋斗的核心引力。生涯规划的过程中,尤其是陷入选择困难的时候,往往需要我们不断回望和坚定初心,做出"不违心"的价值选择。

第三,要找到兴趣。兴趣与投入是人生幸福感的来源。兴趣的发展一般经历有趣、乐趣、志趣三个阶段。大量的研究表明:兴趣与生涯满意度、稳定性和成就感之间存在明显的关联。当然,并非所有的兴趣都应该或能够在自己的职业中得到满足。兴趣也可以通过兼职、公益志愿活动、参加社团、业务爱好等方式来实现,关键在于工作和生活之间的协调与平衡,以及工作与个人爱好的适度统一。

第四,要掌握技能。职场竞争力所需的技能一般分为知识技能、工具技能、可迁移的通用技能和自我管理适应性技能等。大学生通过专业教育和实践、自学、培训等多种方式很容易获得知识和工具技能,但用人单位往往更加关注的是大学生身上所具备的积极主动性、敬业意识、创新精神、团队沟通与合作素养、领导力、分析和解决实际问题能力等可迁移的通用技能和自我管理适应性技能，而这些职场竞争力所需的关键技能可以通过长期的刻意练习来习得。良好的品格、优良的习惯、坚强的意志是一个人职业素养软实力的表现。

简言之，性格决定生涯的主要特色，初心观决定生涯的目标与方向，兴趣决定生涯的动力来源，能力决定生涯的舞台。

（二）职业世界认知

不少学生和家长在参加高考招生咨询时最常问的问题就是："你们学校什么专业最容易就业？什么专业毕业后待遇最好？"实际上，这就是对于职业世界的不同认知，既反映出大家对于职业与专业之间的关联认知，也反映出尽早进入工作领域和获取高收入这两种不同职业价值观，同时也充分体现出社会对新时代高等教育人才培养质量的诉求已经从"能就业"向"好就业""就好业"转变。

不同人的职业价值观往往也不同，除了收入之外，社会声望、独立性、帮助别人、稳定性、多样性、领导力、在自己感兴趣的领域中工作、休闲等职业价值观也通常会直接影响到我们就业过程中的选择。

那么具体要如何认知职业世界呢？可以三步走。

第一步，行业认知。首先要去了解行业的基本情况，包括产品与服务、市场规模、代表性企业、目标消费者、产业链流程、行业通用及专属职务能力等；其次要去了解行业的发展情况，包括行业的上升空间、政策利好及变化风险、制约因素；最后要了解行业市场的集中度以及竞争关系，从上下游企业的合作关系去理解业务交互以及盈利方式。

第二步，企业认知。了解完行业之后，就要去进一步了解自己在行业内心仪的企业，比如：这家公司是什么性质的？规模如何？组织架构是怎样的？公司的发展历程怎样？盈利模式如何？战略竞争对手是谁？处于什么样的行业地位？最重要的是企业文化是否与自身特点相匹配？从业资格、从业者平均年龄、整体薪酬水平如何？当然，与其选择公司或者说被公司挑选，不如先把自己塑造成一支具有高投资价值的潜力股。

第三步，职业认知。职业认知是对职业岗位、职员和职业环境的认识，比如企业的综合行政、产品研发、广告营销、生产服务、物流后勤、财务审计、人力资源等部门在团队中发挥的作用各不相同，应知道如何处理好在团队中的竞争与合作关系。

行业、企业和职业认知是我们做好职业生涯规划的基础，也会使生涯规划更加清晰，这些都可以通过实习实践、访谈调研等多种渠道来完成。

有了目标，接下来的任务就是生涯目标的决策与执行了。

生涯决策就是个人在多项生涯选择之间权衡利弊，去除不符合自己兴趣、性格、价值、能力和愿景的职业，以达到最大价值的历程，是一种有智慧的放弃。宏观政策及社会发展形势、职业价值观、兴趣和技能是大学生进行生涯决策与选择时最值得考虑的四个要素。在做好自我及职业世界认知，制定了生涯目标后，进一步做好生涯决策与选择，需要对就业政策和形势有一个清晰全面的了解。生涯决策与选择要顺势而为，与时俱进，可以说生涯决策与选择伴随着一个人的生涯终生。每个新的生活事件和经历都会增加你的价值观、兴趣和技能的信息存储，而且没有一个生活经历会被浪费，人生的每一步，其实都算数。

二、生涯规划的"四无"问题

辅导员在与学生进行日常谈心谈话、生涯个体咨询时，常会遇到学生提出的关于生涯规划的各种问题，这时就需要我们帮助学生透过现象看本质，理性思考，客观分析，科学应对。

"授人以鱼不如授人以渔"。我们分别聚焦"无目标、无动力、无常心、无方法"这四类常见问题，依次谈一谈如何破解。

（一）"无目标"，不知去往何方

对于没有目标或者目标不清的同学来说，问题可以概括为："以为不需要"和"真的不清楚"。

案例1：A同学，家境殷实，父母文化程度高，小A从小到大一直听父母的，自己对未来没有什么规划目标，觉得父母已经帮自己铺好了路，顺着走就行了，自己没必要再设定一个生涯目标。

案例 2 : B 同学，来自农村家庭，父母亲没什么文化，给不了自己太多信息和资源，上大学前的目标是升学，步入大学后，开始迷茫将来做什么？自己还能干什么？今后想要的到底是什么？

上述案例中 A 同学属于"以为不需要"类型，B 同学属于"真的不清楚"类型，其实 B 同学的困惑在各高校大一新生中尤为普遍，他们大多对本专业认知模糊，对本专业毕业后所从事的工作缺乏了解，不知道自己需要获取什么知识，也不知道自己应该成长什么能力。

针对上述两类学生，我们辅导员可以带领学生完成三部曲。

第一步：发现自我，找回自己。敢问路在何方？路在自己脚下。余华在《活着》一书中曾讲过"生活是属于每个人自己的感受，不属于任何别人的看法"。每个人都是独立的存在，引导学生先通过职业生涯问卷测评和实习实践体验、听取他人客观评价等方式，从兴趣爱好、个性优势、价值观、能力等方面入手全面发现自我。

第二步：主动沟通，目标澄清。完成第一步后，要主动与朋辈群体、家长、亲友和老师父母充分沟通自己关于生涯规划的想法，广泛听取意见和建议，理性分析评估，最终实现目标澄清。

第三步：确定目标，调整执行。经过前两步的准备，学生可以基本确立属于自己的生涯规划目标，接下来就是整合资源，开始行动，在实践中去不断调整优化和执行。需要特别说明的是，目标设定一般遵循 SMART（即 Specific 具体明确的、Measurable 可测量的、Achievable 可达到的、Relevant 相关的或 Rewarding 有价值的、Time-bounded 时限的）原则和双 C（即 Challenging 有挑战性的、Controllable 可控的）原则。

（二）"无动力"，不知何以坚持

案例 3：C 同学是一名大三学生，刚进入大学时就确定了考研的目标院校，但一直还没有加入备考大军，眼看着身边考研同学天天自习刷题，自己感到很焦虑又缺乏强烈的备考动力。

C 同学属于"无动力"类型，看似"目标清晰"，说起来头头是道，做起来经常虎头蛇尾，雷声大雨点小。实际上，此类同学要么目标过高，"想得太美"，超过了自己的实际能力，制定的目标没啥可操作性。要么是目标太乱，想干的事情太多，焦头烂额却事倍功半甚至南辕北辙，最后很容易陷入动力不足的循环，"三分钟热血"过后，长吁短叹，有时还会怨天尤人。

针对此类学生，同样也是三步。

第一步：优化目标，总结优势。辅导员需要结合学生成长的环境来综合分析，只有适合学生发展、学生主动确立的生涯目标，才能激发学生成才潜能和动力，学生们也才会干劲十足地付出，在遇到困难的时候，能想到诗和远方，而不会陷入眼前的苟且。

第二步：聚焦当下，挖掘潜力。辅导员要引导学生聚焦当下自己的生涯发展核心需求，比如案例中，倘若C同学当下的生涯发展核心需求仍为考研的话，那就需要落实在备考行动中，不断挖掘自己的学习潜力，统筹做好个人时间管理，提高考研复习的学习效果。

第三步：平衡得失，激活动力。如果C同学选择了考研这一目标，就要能接受继续待在学校几年的未来场景。有的大学生职业理想带有一定程度的功利性，没有充分考虑自己的特长与未来职业发展可能，而是希望通过提升学历来找到"钱多事小离家近，位高权重责任轻"的"完美"工作，更倾向于留在经济发达的大城市热门行业工作，对社会急需的艰苦行业岗位和经济欠发达地区的工作望而却步。辅导员既要帮助学生认清自我特点与现实世界的需求，又要引导学生意识到小我与大我的关系，在利他与利己中平衡个人得失，并获取奋斗拼搏的勇气与坚持不懈的动力。

（三）"无常心"，不知如何选择

案例4：D同学是某知名游戏直播平台网红，沉溺在虚拟平台带来的各种感官刺激中，享受着作为网红被网友追捧的感觉，经常逃课在宿舍做网络游戏直播，有时彻夜不睡，严重影响到该生的学业成绩和宿舍其他同学的作息。该生室友主动找辅导员反映了上述情况。辅导员与该生谈话后进一步了解到，其实学生并没有特别多的粉丝，而且学生认为其实网络直播也只是爱好之一，自己兴趣广泛，想做的事情很多，不知道该如何选择？

D同学属于"无常心"类型，一方面把个人主要精力沉溺于网游、直播等虚拟世界，缺乏有效的大学生活时间管理，禁不住各种诱惑和感官刺激。另一方面自认为兴趣广泛，职业选择太多，很难静下心来深度和创造性思考，也不愿意花时间去尝试体验，往往更加希望获得即时的满足感，更愿意相信一夜暴富的网络神话，而拒绝接受那些需要持续奋斗与拼搏才能有所收获的建议。

针对此类学生，我们辅导员应该怎么做呢？

第一步：积极关注。辅导员和学生朋辈群体一起营造一个积极关注的和谐氛围，注意挖掘他们身上的闪光点，让其充分感受到来自老师的"浸润式"陪伴和"引领式"教育、校园的"和谐式"温暖氛围和朋辈群体的"互助式"成长支撑。

第二步：回归理性。安排更多的社会实践让"无常心"学生亲自参与其中，并通过实践澄清学生的兴趣属于持久关注和全情投入还是因为好奇产生的三分钟热度。如果是前者，那么主要考虑做好科学的时间、情绪和精力管理，刻意练习全情投入的体验，在日益加剧的竞争中保持一份清醒。如果是后者，则要激励学生在实践中大胆尝试，从"无常"中把握"有常"，真正激发出热情。兴趣与投入是人生幸福的源泉之一，但有待于长期的深耕投入。

第三步：榜样示范，集体塑造。"无常心"学生经过前两步的修炼，还需要辅以外部的加持、监督和巩固。成功后会有不同的体验与收获，辅导员可以将其成长经历作为榜样示范，教育引导更多同类同学实现朋辈教育和集体塑造。

（四）"无方法"，不知何以前往

案例5：E同学进入大学后学习态度认真，但对如何做好职业规划是一头雾水，家人朋友也给不了满意的指导，于是主动找辅导员求助，希望能获得关于职业规划的方法与技巧。

"无方法"类型的同学往往受个人成长环境、视野等限制，不清楚自己的兴趣爱好与未来职业的关系，不清楚如何可以更好地发挥优势、弥补短板；也没有充裕的机会去深入了解真实的职场世界，不知道未来的职业又与自己学的专业有啥关系。面对独立学习的大学生活，他们习惯性地努力但效果并不明显，不知道该如何分配那些空出来的时间，该如何去选择性参与社团社交，也不知道该去重点培养哪些能力。这样的学生看上去通常不是那么自信，他们往往很积极，却并没有自己期许中的出类拔萃。归结原因，四个字："不得其法"。

针对此类学生，我们有如下一些工作：

第一步：性格和兴趣探索。

性格和兴趣探索的方法：

MBTI 职业倾向、霍兰德职业兴趣测评。鼓励学生完成 MBTI 职业倾向、霍兰德职业兴趣测评问卷，预约校内外职业咨询师团队对测评结果进行专业解读和生涯建议。

他人眼中的我。引导学生分别找自己的同学、家人、朋友、老师等熟悉自己的群体，对自己做出特质的评价。将他人对你的评价和自我评价进行认知对比，思考并找出差异点，适时调整"我眼中的自己"与"他人眼中的我"。

回忆乐此不疲的时刻。引导学生回忆并记录下最近让自己乐此不疲的美好时刻，从中找寻性格和兴趣的心灵体验。

兴趣实践达人秀。引导学生积极投身实习、兼职、志愿服务、社团活动、调研走访、讲座论坛、展会、学术竞赛、课题研究等多种实践方式来进一步探索个人兴趣，找到自己真正心仪的那块儿"自留地"。

第二步：技能和价值观探索。

技能探索的方法：

找到我身边的榜样。引导学生发现身边值得学习的榜样，从榜样身上挖掘值得学习的技能，见贤思齐。

撰写个人成就故事。引导学生总结自己过往的成就体验，激发内驱动力，梳理已经具备的技能。

生涯人物访谈。鼓励学生访谈感兴趣的生涯人物，比如校友、校外导师、企业家等，全方位了解社会所需的各类技能，积极引导学生注重在实践中获得知识技能、自我管理技能和可迁移技能。

写给未来的自己。有了身边的榜样作为目标，也了解了自己所具备的技能和社会所需的技能，接下来就要做技能探索规划，通过给未来的自己写信，让学生做好技能修炼提升计划。

价值观探索的方法：

我希望的理想工作描述。引导学生思考判断理想工作的标准是什么，将这些标准总结提炼为关键词短语，比如挑战性、自由和谐、成就感等。

价值观分类。根据直觉快速将上述关键词短语按照重要、一般和不重要进行分类。

价值观市场。从上述重要分类的关键词短语中挑选出 3—5 条作为自己最重要的职业价值观。

真实价值观澄清。按选择、珍视、行动等要素对上述 3—5 条自己最重要的职业价值观进行真实价值观澄清排序。

第三步：工作世界探索。

工作世界地图。借鉴美国大学考试中心（ACT）制作的职业分类图，引导学生在与人有关的工作、与事物有关的工作、与资料有关的工作、与概念有关的工作中形成自己预期的工作世界职业库。

职业体验一日助理。鼓励学生赴与自己预期职业相关的单位走访考察，近距离接触相关工作岗位，并担任一日工作助理。体验得好，可以在后续申请实习实践岗位深入体验。体验得不好，可以从自己的预期职业库中删除。

第四步：职业决策行动。

CASVE 五步决策法。1991 年，Peterson，Sampson & Reardon 提出 CASVE 五步决策法，即沟通（Communication）——分析（Analysis）——综合（Synthesis）——评估（Evaluation）——执行（Execution）五步循环。我们在决策中，首先要通过充分沟通识别问题的存在，分析考虑问题的多种可能性，进而综合形成选项，然后对选项排序进行评估，最后执行解决问题。

决策平衡单。1977 年，Janis & Mann 提出在做决策时主要集中在个人物质方面的得失、他人物质方面的得失、个人精神方面的得失、他人精神方面的得失这四个方面进行利弊得失分析思考。在具体操作中，先列出可能的生涯选择，然后分别列出这些生涯选择在上述四个方面的重要价值观和考虑因素，进而对其按 1—5 的等级分配权重。再按照各项生涯选择满足个体价值观和考虑因素的程度在"-5"至"+5"之间进行分别打分。将各项生涯选择得分与四方面重要价值观和考虑因素的权重对应相乘算出每种生涯选择的总分，最后对所有总分进行排序比较。

三、生涯规划的工作宝典

说完了常见的几类困惑，我们下面落到具体操作层面，谈谈陪伴大学生整个学业过程中可能遇到的具体问题，按照四个类型分别说说建议。

（一）校内篇

1.转专业问题

问题描述：学生热衷于参与学生会、社团、志愿者等各类学生社团和社会实践活动，对所学专业不感兴趣，想转专业。

解惑锦囊：首先，学生热衷社会工作不是坏事，关键是要有专业热情。其次，做专业兴趣测评的结果仅供参考，一般除非生理、心理不适合所读的专业，专业兴趣都是可以培养出来的，本科专业的目的是培养思维、逻辑和方法，毕业后所用非所学的现象非常普遍。再次，如经过努力和尝试，仍对专业不感兴趣，可以考虑申请校内换专业，但换专业一般要求原专业绩点比较高，要提前做好学业规划。除此以外，根据学校类型不同还有专升本、校内外辅修第二专业、攻读双学位或毕业时考第二学士学位、跨专业的研究生等多种选择。

2.社团活动问题

问题描述：各级各类学生组织及社团招新、学生干部自荐开始了，要不要报名学生组织及社团、竞选学生干部？选择加入什么类型的学生组织及社团?

解惑锦囊:报名学生组织和社团、竞选学生干部是大学生的重要提升平台。首先要搞清楚学生组织及社团的类型,比如属于校院系学生会、班团组织、专业兴趣类社团、企业校园类社团还是国际组织社团等,要清楚自己想锻炼什么和能锻炼什么。其次,社团加入不在多而在精。加入学生组织及社团,担任学生干部可以在实践中锻炼社会认知与适应能力、沟通与协作能力、吃苦耐劳的创新创业精神等,但是一定要注意兼顾到自己的学业。最后,注重过程中的成长,比如学生工作流程中策划、组织、宣传、执行、总结、复盘一个都不能少。

3. 入党问题

问题描述:很多同学都递交了入党申请书,可自己还没想清楚为什么要入党?

解惑锦囊:入党是个严肃的问题,一定得认真想清楚!加入中国共产党是新时代有志有为青年大学生正确的政治追求。能否加入中国共产党不在于你入党申请书写得早不早、思想汇报写得多不多,志愿书写得好不好,介绍人关系铁不铁,而在于你的信仰是否坚定和初心是否纯粹。如果有一颗为民服务的赤诚之心和追求进步的奋斗之心,认同理念,信仰坚定,欢迎你早日加入中国共产党,强国有你,未来可期。关于为什么要加入中国共产党,推荐大家重温那篇经典的问答文章《答学生问:我为什么加入中国共产党?》。

（二）求职篇

1. 考证问题

问题描述：看到其他同学都在忙着上各种考证辅导班，自己要不要也考个证？

解惑锦囊：虽说技多不压身，但考证要基于生涯规划需要和财力、精力分配，具体要做到五看。一看证书含金量。也就是社会认不认可，建议选择国家人社部认可的国内从业资格证书和行业认可的国际证书。一般来说，含金量高的证书获得难度也不低。二看专业和未来就业方向的匹配度。首选和自己专业对口的从业门槛相关证书，比如会计专业的会计职称证书、金融行业的银行及证券从业资格证书、法律专业的律师职业资格证书、医学专业的执业医师证书等。三看需求迫切度。具体可以登陆应届生求职网（www.yingjiesheng.com）查看招聘岗位说明书关于从业资格的证书要求。四看考试难度及性价比。比如，大学生考驾照的费用远低于工作后考驾照的费用，且空闲时间相对较多，性价比高。全国大学生英语竞赛、数学建模大赛虽然考试难度高，但一旦拿到获奖证书，就可以获得大城市落户加分，并获得单位 HR 的青睐。五看证书门槛变化。要做个有心人，每年都要关注自己备考的证书报考条件、考试内容及认证方式是否有变化，是否已经取消或不再认可相关行业证书。比如国家心理咨询师二级已经取消，说明心理咨询行业不再将获得该证书作为入职门槛。

2. 实习问题

问题描述：大三还有一些课程要修学分，身边不少同学都去实习了，实习应该如何选择和安排呢？

解惑锦囊：在实习岗位的选择方面，有三个重要参考，一是建议选择与自己专业对口的实习岗位，这样可以通过实习了解专业前沿、入职门槛及发展前景；二是建议选择与自己兴趣爱好相符的实习岗位，可以了解兴趣爱好转化为职场竞争力的可行性；三是建议选择自己向往但超出能力的实习岗位，通过实习了解理想与现实的差距以及跨界就业的可行性。在实习单位的类型选择方面，建议有机会的话，国企、外企、民企、社会企业都在大学期间体验一下，有比较才会有鉴别。在时间的安排方面，建议利用寒暑假及课余时间进行实习，尤其不能挂科翘课去实习，因为大学生身份的本分和主业还是学习，在校期间夯实专业基础，今后进入职场才能更加从容稳健。

3. 求职材料准备问题

问题描述：简历应该如何做？面试应该如何准备？录用机会如何挑选？

解惑锦囊：一份好简历要简单明了，传达有效信息，体现出求职者的个性画像、核心竞争力及综合潜力。个性画像需要通过完整的求职者个人信息来体现，包括姓名、毕业学校、专业、成绩、政治面貌、社会实践及学生干部经历、获奖及实习情况等。核心竞争力需要通过简历上的量化成就数据及典型事件来体现，不要泛泛而谈。综合潜力需要通过过往经历及兴趣特长、复合技能等来体现。

录用机会取舍方面，可以反其道而行之，也就是先排除不合适和不擅长的，可以通过之前教给大家的职业决策平衡单来做取舍。

（三）毕业篇

这个部分的问题比较集中，也比较具体，我们解答得也稍微详细一些。

1.考研：成才之路千万条，不止考研这一条。考研不应盲目跟风，而应是对学生高质量就业竞争力及学术追求的再认识。

考研成功要过五关，第一关：心理关。考研不是停留在嘴皮上随便说说就能考上的，必须做好充分的心理准备，既要努力复习备考争取上岸，又要做到不受其他同学成功就业或者考研失利的影响。第二关：复习报考关。按照适合自己的复习节奏来备考，不被考研辅导班带乱节奏，不仅要准备初试科目，还要准备复试科目。如是跨校跨专业考研，则要准备得更早更充分，比如争取拿到准备报考院校相关专业的本科生笔记、复试经验等。报考的学校、城市及专业也应选择和自身水平、兴趣、专长一致的。比如，城市是否有就业活力、对高学历人才的重视程度以及主导优势产业是否与报考专业契合；比如，学校或科研院所的重点、特色、师资、氛围、学费性价比等。另外，学硕一般以考博为目标，专硕一般以高质量就业为目标。如果想获得推免生资格，需要本科在读期间充分提升自己的学业成绩、实践能力等综合素质，在专业年级中名列前茅。如报考外校推免生，一般还需重点关注外校研究生夏令营。第三关：复试关。复试所占比重越来越高，而且越是名校热门专业，复试比重越高。复试主要考察学术潜质、心理素质、知识储备和综合能力。参加复试既要有平常心，又要做充分准备，要体现出自信的综合优势。第四关：调剂关。考上第一志愿心仪的学校固然好，但还有很多上线同学是需要调剂录取的。调剂所遵循的原则也是选城市、选学校、选相近专业，调剂过程中信息及时有效最重要，不要错过调剂的最佳时机和学校研招办的调剂信息，如调剂未被录取也要第一时间联系招生部门解除锁定选择其他学校。第五关：导师关。在导师选择上，想选对导师跟对人，也要多看多比较，比如导师的育人师德口碑，比如导师主要的研究兴趣及专长，比如导师的社会资源情况，比如导师对学生的关心程度，比如导师之前学生的发展情况等等。

2.出国留学：首先，要明确自己的留学动机，大家的理由不尽相同：为了学习一门语言，为了提高自己的学历和就业竞争力，为了移民加分，为了毕业后留在国外工作，为了增加人生的一段难忘经历，等等。不同的留学动机决定了不同的留学选择。其次，要准备好语言成绩和学业成绩，申请和自己能力水平、志趣爱好、家庭经济水平匹配的留学国家、学校和专业，在校期间可以先申请一学期或一学年的海外交流生项目，尝试下自己对海外生活是否适应，确定留学后推荐首选国家留学基金会公派留学项目（www.csc.edu.cn/chuguo）及教育部审批认可学历的中外合作办学留学项目（www.crs.jsj.edu.cn），其次再考虑自费留学。申请学校专业时首选联系驻外使（领）馆、在国外的学长学姐、亲友、专家帮忙推荐，自己尝试申请获得offer，其次再考虑找靠谱的中介机构推荐申请获得offer。选择留学国家、学校和专业时既要兼顾该国安全稳定、文化氛围、学校专业的世界排名，也要留意国内外就业情况、申请难易程度。再次，联系好国外导师和驻外使（领）馆，提前安排好国外住宿问题。留学期间，要注重个人的独立生活、国际视野、跨文化交流、学术研究及实习实践能力培养，争取多发表些英文论文，加入国际留学生组织，多结交国际朋友了解国外文化。留学后，如回国就业要早日做好择业准备，了解清楚国内的现状、需求和前景；如留在国外就业生活，要积极通过实习、网申、内部推荐等多种方式获得面试机会，选择文化氛围友好的单位工作。

3. 考公务员、事业单位：在校期间多参与一些助理工作和社团实践、志愿服务活动，提高自己的管理能力和交际能力，养成关注新闻热点、关心身边事国事天下事的好习惯，培养自己的信息素养和服务意识。通过公务员、事业单位考试相关真题，来判断和训练自己的逻辑思维和答题水平，在实践上要争取到公务员、事业单位实习锻炼，提高办公、办会、办文、办事实战能力。同时，联系成功考入公务员、事业单位的学长学姐，学习笔试面试经验。进入面试后，积极准备面试相关内容，熟悉结构化面试的流程和素质要求。公办高校、公立医院等公益事业单位的专业技术岗位一般都需要博士研究生学历学位。如果你是本科及以上学历的应届毕业生，又是党员学生干部，或者你参加过大学生村官、"三支一扶"等基层服务项目、是符合选调生条件的往届高校毕业生，还可以选择报考选调生。选调生属于公务员的一种，该制度始于1965年，录用后作为党政领导干部后备人选和县级以上党政机关高素质工作人员人选进行重点培养，大致可以理解为公务员队伍中的管理培训生。

4.应征入伍：大学生应征入伍工作始于2001年。一人参军，全家光荣。要成为光荣之家需要首先了解清楚大学生应征入伍报名的要求、流程、规则等，积极与老师、家人沟通，获得支持。同时，与退役大学生士兵交流，做好参军体检等各项服役准备工作。服役期间，争取立功获得嘉奖，保持学习好习惯，培养吃苦耐劳、不抛弃不放弃的人民子弟兵精神，增强政治素质和身心素质。服役后，返回校园可以选择更换专业、报考军校、专升本、退役大学生士兵专项考研等学业规划，毕业时做好就业落户等生涯规划。最后，大学生应征入伍，除了可以选择两年的"义务兵"服役，如符合一定的条件还可以通过直招士官入伍，推荐有意向应征入伍的有志青年登陆全国征兵网（www.gfbzb.gov.cn）具体了解相关报名条件。

5.国际组织：首先，了解联合国及其他重要国际组织人才招募的相关政策及信息。其次，积极关注国家组织的国际组织实习就业项目。再次，积极参与学校提供的国际组织人才相关培养项目，使自己具备宽广的国际视野、过硬的专业素质、扎实的外语功底、可靠的政治素养等全球胜任力，为全球治理贡献中国智慧。这里给大家推荐北京大学出版社出版的《高校毕业生到国际组织实习任职入门》一书和几个主要信息平台：

（1）高校毕业生到国际组织实习任职信息服务平台：https://gj.ncss.cn/job.html

（2）人力资源和社会保障部国际组织人才信息服务网：http://io.mohrss.gov.cn/

（3）国家留学网综合项目专栏：https://www.csc.edu.cn/chuguo/list/26

（4）高校毕业生到国际组织实习任职微信公众号：gjzzzp

6. 西部志愿者："西部志愿者"计划是大学生志愿服务西部计划的简称，该计划始于 2003 年，招募志愿者到西部基层开展为期 1—3 年的志愿服务工作，服务期满后鼓励继续扎根当地就业创业。按照服务内容分为基础教育、服务三农、医疗卫生、基层青年工作、基层社会管理、服务新疆、服务西藏 7 个专项。如果同学有兴趣，可以登陆西部志愿者计划官方网站（http://xibu.youth.cn）进行全面了解。

7. "三支一扶"和"特岗计划"："三支一扶"计划是大专及以上学历的毕业生到农村基层从事一般为 2 年的支农、支教、支医和扶贫工作的简称，该计划始于 2006 年，侧重于经济欠发达地区、艰苦边远地区和少数民族地区。"三支一扶"服务期满有如下四种选择：定向考录机关事业单位；自主创业；自主择业；继续学习深造。"特岗计划"是"农村义务教育阶段学校教师特设岗位计划"的简称，与"西部计划"、"三支一扶"计划都属于中央基层就业项目，该计划从 2006 年开始，每年公开招募高校毕业生到西部"两基"攻坚县县以下农村义务教育阶段学校任教，引导和鼓励高校毕业生从事农村教育工作。

8.大学生村官：大学生村官正式选拔工作始于 2008 年，选聘对象原则上为全日制本科及以上的学生党员或优秀学生干部，聘期一般为 2 至 3 年。大学生村官的未来职业发展主要有：留村任职或自主创业成为新农村建设人才；考录公务员、选调生、进入乡镇和县直部门领导班子成为党政干部后备人才；考录事业单位以及企业、金融机构、社会组织定向招聘成为各行业优秀人才；自主创业或自主择业发展成为企业经营管理者、致富项目带头人、新社会组织负责人、直播带货红人等，国家鼓励和扶持大学生村官创办领办农民合作社、科技推广、社会化服务等组织和实体，逐步实现自主发展；考取研究生继续求学深造。

9.外企：一般来说，外资企业员工国际化程度高，交流培训体系健全，更青睐专业知识面宽、社会责任感强、跨文化沟通能力好的外向型大学生。当然，受国际政治经济形势影响，外企的裁员降薪也是存在的，还有就是不同国家、行业的外资企业的加班文化也是不一样的。对于想进入外企工作的同学提几点建议。一是提高自己的外语应用及沟通能力，最好能够精通一门第二外语；二是在校期间多参与各类公益实践志愿服务活动，参与国际化社团活动；三是在校期间多去外企实习，积累丰富的工作经验，并获得来自外企实习单位的积极评价推荐信或在职员工的内部推荐；四是对专业所属的行业发展及市场前景比较了解，具备社会调查及钻研能力；五是可以申请去国外交流学习，修炼跨文化交流能力。

10. 民企：民营企业已经成为吸纳大学生就业的主力，具体可细分为：小微企业、规模以上企业、上市民企、中国及世界500强民企等几类，也可以分为劳动密集型和技术创新型民企、家族式民企和职业经理人式民企。民营企业为了自身生存和快速发展的需要，更青睐上手快、工作能力强、善于解决问题的年轻人。通常企业会更注重能力及业绩导向，收入待遇及职业发展都与个人能力、业绩直接挂钩，起薪往往不高，但也往往上不封顶。大学生更应该关注的是民营企业的企业文化和制度建设，如果一家企业文化氛围积极向上、制度规范健全、公司理念明确先进，这样的企业也是未来可期的。

11. 国企：一般来说，国有企业工作稳定，福利待遇好，员工受教育程度高，整体素质好，逐渐成为大学毕业生的重要选择。国有企业具体可细分为普通国企、央企、上市国企、中国及世界500强国企。国有企业比较青睐注重团队合作和规矩意识、社会实践经历丰富的高学历大学生。国企都有着十分健全规范的毕业生招聘、职位晋升和薪酬收入体系，一般都有自己行业内定向开展招聘会的目标高校。对于想进入国企工作的同学提几点建议：一是在校期间锻炼自己的团队沟通、组织管理、社会服务、问题解决的能力；二是培养自己的文体特长，让自己变得更加阳光有趣；三是多去国企实习、调研等社会实践。

12. 社会公益组织：对去公益组织就业感兴趣的同学可以关注网络上公益组织从业者的详细解答及经验分享。公益组织种类繁杂，在选择前一定要先去实地了解，在实习工作一段时间全面了解后再做决定，务必查清组织的合法合规以及涉外、财务、资源状况，最好选择有政府机构主管监管或基金支持的公益组织。

13. 创业：创业是一种高质量的就业，选择自主创业的同学在校期间要注重自身创新创业素养的培养，可以通过以下几个阶段来提升自身创新创业力。第一阶段：修读创新创业相关校内外课程，激发创新创业精神和意识，掌握创新创业知识基础和技能，推荐修读国家高等教育智慧教育平台（http://higher.smartedu.cn）《创新创业创造：职场竞争力密钥》开放慕课；第二阶段：本科生组队参加校级及以上大学生创新创业训练计划项目，包括创新训练项目、创业训练项目和创业实践项目三大类；第三阶段：参与或创办创新创业类社团实践活动，提高创新创业实践能力；第四阶段：参加"互联网+""挑战杯""创青春"等各类创新创业大赛，以赛促学，以赛促练，以赛促就，以赛促创。其中中国国际"互联网+"大学生创新创业大赛可以让参赛同学在综合素质上快速成长，获得职业生涯规划所需要的高阶能力，推荐登陆全国大学生创业服务网（https://cy.ncss.cn）了解详情；第五阶段：进入高校创业孵化基地进行项目孵化，申请创业天使基金；第六阶段：加入学校创业校友组织，注册公司实体创业，创业带动就业。

（四）研究生专属篇

1.活动选择问题

问题描述：学术型硕士要不要参与竞赛、实习、志愿服务等社会实践活动，专业型硕士要不要参与课题、学术会议、论文发表等学术研究活动？

解惑锦囊：硕士分学术型硕士和专业型硕士，以专业型硕士为主。不管学术型硕士和专业型硕士，未来都是要就业的。所以，如果站在提高个人的职场竞争力高度来重新看待这一问题，那么这个问题就不再是问题，只是学术型硕士的培养更侧重于学术研究活动训练，专业型硕士的培养更侧重于社会实践活动训练。如果你在本科期间，欠缺参与竞赛、实习、志愿服务等社会实践经验，那么即便是学术型硕士也需要在读研期间尽力补齐相应的经验短板。如果你在本科期间，社会实践经验已经很丰富，那么即便是专业型硕士也需要在读研期间尽力补齐学术研究方面的短板。

2.师生沟通问题

问题描述：自己的研究兴趣和导师的研究专长不一致，不知如何沟通解决怎么办？

解惑锦囊：随着国内研究生的不断扩招，导师数量相对有限，经过双向选择后，一位导师指导多名研究生的现象非常普遍，很容易出现个别学生的研究兴趣和自己导师的研究专长不一致。这时首先建议学生要与导师及时和积极沟通，确认自己的研究兴趣与导师的研究专长能否结合起来做适当的交叉研究。如果还是无法结合，可以让导师推荐与自己研究兴趣相近的其他老师或学生交流。其次，要充分信任导师和同门的资源力量。最后，在论文选题及撰写过程中，要用足用好学校的资源，经常与导师、其他相关老师、同学多沟通，积极参与相关学术会议，把握学术前沿动态，研读该选题相关的著作报刊，做好自我学业管理。

3.深造选择问题

问题描述：要不要考博，怎样才能考博成功？

解惑锦囊：要不要考博，既和所学专业及市场需求有关，也和个人职业定位及发展规划有关。有的专业从市场需求来看，读博士可以有更大概率找到一份更好的工作，比如医学博士。有的学生对科研充满了极大的兴趣，本身也具备相应的潜质，这都是考博的重要基础。选择了考博，往往意味着要死磕自己，对学术研究有更高追求。博士学位是一个人所能获得的最高学历学位，在考博前要做好充分的思想准备。确定考博后，应该做好哪些准备来实现考博成功呢？第一步：确定自己的博导。具体博导的人选一方面可以通过自己的硕士生导师、朋友直接推荐，另一方面也可以自己直接联系。相对来说，通过直接推荐的方式确定博导的成功率更高，找对考博推荐人写好推荐信也很重要。第二步：准备自己的学术简历。认真总结梳理自己在攻读硕士期间的各类学术研究成果，体现出自身扎实的学术基础及潜质，学术简历在申请考核制博士招生中尤为重要。第三步：在复试时完美展现。随着复试在博士生招生录取中比重增加，复试务必全力以赴，体现出较好的心理素质、学术自信和创新能力。

四、生涯规划的进阶之路

汝果欲学诗，功夫在诗外。辅导员想干好生涯规划，还得修炼专家型的进阶能力，要干就要干好。

（一）提升五种能力

简单总结就是辅导员要能围绕学生生涯发展需求，"讲清形势、因材施教、分析行业、化解焦虑、培养能力"。

1. 就业政策和形势宣讲能力

高校辅导员要想讲清形势，首先要准确地了解政策和形势，持续地加强学习，尤其是各级文件精神的学习。先把自己的桶装满，然后再去面向学生做好宣传。当然，宣传的过程不是简单地做好"临门一脚"的传声筒和转发器。其次要用好各种互联网平台和工具进行宣讲，比如：国家24365大学生就业服务平台（www.ncss.cn）和学职平台（https://xz.chsi.com.cn）通过教育职能部门、高校和企业实务专家解读政策、招聘宣讲等在线讲座方式，帮助学生及时把握就业最新政策和行业发展形势。比如：我们当前遇到的就业难并不是真正意义上的劳动力市场饱和问题，而是当前我国高校毕业生就业的主要矛盾已转变为"教育优质资源供给稀缺，高素质人才需求更加迫切、供需结构性矛盾更加突出"[①] 所造成的，虽然局部地区也存在"无业可就"的实际问题，但是总体而言，缓就业、慢就业、不想就业为代表的"有业不就"才是问题的主流。

2.学生个性特征分析指导能力

高校辅导员要善于当学生职业生涯规划的助产师，做大学生个性化定制职业生涯规划的引导者、激励者和职业目标的开拓者，积极引导大学生通过学习、反省、慎独来提升自身的职业道德与价值观，成为充满正能量的新时代有为"后浪"，并注重引导大学生树立正确的生涯发展观、职业价值观和择业策略观。具体分类指导的生涯案例及锦囊前文已经述及。

3.行业分析推介能力

在推荐学生求职方面，不少辅导员只停留在一个微信推送或者电话，充当招聘信息的"搬运工"，这是不行的。辅导员作为学生和社会的桥梁，应做到想学生之所想，急学生之所急，帮助学生主动分析和研判当前及未来就业形势，了解自己所学的专业以及近几届毕业生就业情况、行业发展情况，竭尽全力为毕业生就业牵线搭桥，基于历届毕业生的就业层次、单位分布、薪资待遇等大数据提高行业分析推

---

① 方伟：《学习贯彻习近平总书记立德树人重要论述，构建更高水平的大学生职业生涯发展教育体系》，《中国大学生就业》2021 年第 12 期。

介能力。一方面，要积极捕捉、搜集就业信息，主动走出高校，到人才市场、到用人单位去宣传高校及其毕业生，用热心、诚心、爱心、细心和责任心吸引更多用人单位到高校招聘毕业生。另一方面要多与学生交朋友、了解每个学生的个性、特长，有的放矢地推荐毕业生到相应适合的用人单位就业。

4.学生职业心理疏导能力

现在不少大学生刚入学就开始为自己未来的就业焦虑发愁，面临很多压力，这种压力可能来自外界，也可能来自自身。从原因上来分析主要有学生本身交际能力弱、整合资源能力弱、求职技能缺乏等等，由此造成依赖、盲从、焦虑、急躁、自卑、逃避、妒忌、怯懦、自负等心理上的负面情绪。此时辅导员对学生职业心理疏导能力就要派上用场了，比如要第一时间摸清学生底细，了解学生的家庭状况，包括家庭成员工作背景、经济收入、所处地区等；同时要主动与学生交心谈心，了解其思想动态；另外就是要针对学生的不同家庭背景和思想动态，采取不同的心理疏导方法。当然，工作合力是个重要的问题，要积极争取学校领导及有关部门的重视，给予就业困难学生以物质上、精神上、方法上和渠道上的帮扶，帮助其尽早就业，早日回报社会。

5.学生就业竞争力综合培育能力

多年的学生工作实践证明，创新创业创造力才是学生职场竞争力的密钥。不仅培养学生的职场硬实力而且培养其软实力，促进其学科知识能力、核心通用能力及企业职务能力等在内的高层次能力培育。

创新之于职场竞争力，是思维模式的升级；创业之于职场竞争力，是实践能力的提升；创造之于职场竞争力，是精神品质的塑造。辅导员要积极引导学生组队参加"互联网+""挑战杯""创青春"等各类创业大赛和数学建模、计算机建模等各类学科竞赛，积极开辟企业实习、挂职锻炼、国际交流、社会实践等各类社会实践大课堂，让学生学以致用，浸润在社会实践大学中认知社会，尽早了解社情、国情，通过创新思维、创业精神、创造技能等多方面训练，全方位打造学生的就业核心竞争力。

（二）能力"四化"

以上就是辅导员生涯规划指导"五力"，而要真正成为个中高手，还需要在不断地磨合演练中真正把"五力"实现"四化"。

1. 专业化

包括指导理论的专业化、指导实践的专业化、指导课程的专业化和指导队伍的专业化。（1）指导理论的专业化。很多人可能对生涯规划有误解，认为生涯规划就是凭经验行事，其实不然，生涯规划指导有理论依据，是在科学理论的指导下进行的。不过，即使有理论指导也要和实践相结合，因为理论有不同的适用条件，不能灵活组合应用理论，肯定是要出问题的。（2）指导实践的专业化。生涯规划不能光规划，更重要的是实践和适配。在生涯规划中，需要引导学生在探明自身的兴趣爱好、价值观、能力潜质与优缺点、性格、愿景等自我资源的基础上，结合自身实际，分析职业机会，积极参与各类有利于生涯发展的社会实践，进而做出适合自身个性发展的生涯规划。（3）指导课程的专业化。生涯规划指导课程是大学生接受职业生涯规划教育的主要载体。（4）指导队伍的专业化。一支职业化、专家化的高校辅导员及职业咨询师、专业教师、企业导师、毕业校友队伍是大学生职业生涯规划指导效果的保障。

2. 实践化

生涯规划只停留在理论和文字水平上可不行，必须要进入社会实践，这一点需要师生以及学校共同努力，毕竟规划的意义在于执行。比如说，高校与各类用人单位、生涯类公益社会组织建立生涯规划实践育人共同体，合作设立生涯实践见习体验基地，充分利用校内外各种类型资源针对不同专业、年级的大学生开展生涯实践见习实践活动，提高大学生在未来职场的就业竞争力。再比如说，开展生涯规划培训生计划。高校派出师生团队走进用人单位实地考察、挂职锻炼，宣传学校办学特色和人才培养规格，提升学校影响力和美誉。用人单位也可同时派出单位代表走进高校，举办各类行业分析、职业生涯规划讲座、单位宣讲推介活动，帮助学生了解社会职业真实需求、行业发展现状动态以及当前就业形势等，开展企业校园大使培育计划。

3. 系统化

不同年级不同专业背景的大学生具有不同的心理发展特点，因此生涯规划也需要做针对性的系统整体设计，创新生涯全周期就业育人理念，以"立德树人"根本任务统领生涯育人、就业育人。高校辅导员应转变观念，树立"三全育人""生涯育人""就业育人""实践育人"理念，增强"为了一切学生，一切为了学生，为了学生的一切"的服务意识，面向全体在校学生开展全程化、全员化、专业化、个性化的职业生涯发展教育，而不是为了完成毕业生去向落实率考核指标而开展生涯规划指导工作。

4. 个性化

一段成功的生涯必然要将个体发展需求和社会发展需要进行有效匹配，因此，开展大学生生涯规划指导应遵循个性化原则，运用各种方式方法提供个性化指导服务。比如，开展大学生职业能力和职业心理测评，这个可以帮助大学生更好地认识自我。又如，提供个体咨询和团体辅导，通过一对一的个体咨询方式，提出有针对性的职业发展建议，供学生参考，解决生涯个性问题。通过集体塑造的团体辅导方式，集中解决生涯共性问题；从新生开始，为每个学生建立生涯规划理想档案，并提供每学期的跟踪指导和督促优化服务等等。

总之，高校辅导员要进一步强化人才培养价值引领，注重中华传统文化的教育熏陶，基于学生全面发展和成长成才规律全面修炼学生的生涯适应力、生涯建构力，不断丰富具有中国特色、世界水平的现代化职业生涯发展教育理论和实践体系，在服务学生的生涯成长成才中实现自我的生涯价值，实现自己及学生的生涯自信。

（三）专家型修炼三法

高校辅导员要想从学生的知心朋友发展到良师益友再成长为人生导师，走职业化、专业化、专家型的发展道路，应增强主动学习意识，努力成为学生生涯知识的传授者、生涯规划的引路人、就业市场的信息员、择业心理的摆渡人等。具体有以下做法：

1.参加专业化认证培训交流，系统学习生涯规划指导理论

通过职业生涯发展教育的相关专业化培训可以让辅导员快速掌握关于职业生涯规划指导的理论、工具和实操方法，那么如何选择靠谱的公信力强的进修培训呢？

建议一：培训认证不盲目，要确保权威专业。具体应做到以下"四看"：一看参加培训的学员是否是多元化的，比如除了高校教师之外，还有企业、政府等人士参与的一般来说是行业普遍认可的；二看培训师的专业资质，一般应为圈内同行高评价的知名专家，名师出高徒；三看培训获证的难度，一般有专业笔试和面试的获证难度大，含金量更高；四看培训办证机构是否为国内外认可授权的职业资格准入机构，是否在该培训领域处于行业领先地位，一般应选择由相关政府职能部门或具有国际行业影响力的专业性职业化行业组织颁发的职业资格认证。

建议二：培训结束后一定要多实践，不让证书睡大觉。辅导员可通过找学生一对一生涯辅导，请有经验的专家同事做生涯督导，

聘请企业高管担任生涯顾问，和志同道合的校内外同仁组建生涯共进俱乐部、协同育人工作室，去企事业单位实习挂职锻炼，指导学生参加生涯规划大赛、简历制作和模拟求职、创新创业大赛等一切可以展示自己生涯规划指导专业能力的机会来实践练习，在实践中积累和总结经验，不断精进自己的专业指导力，深耕"一万小时"使自己努力成长为专业化职业化的生涯专家导师。

2. 积极开源和主动跨界赋能，整合多方资源开展协同育人

辅导员要通过"引进来"和"走出去"进行积极开源，带领学生利用寒暑假赴企业参观学习、社会实践或到用人单位短期挂职锻炼；设立院系生涯协同育人工作室，定期组织校内外生涯协同育人工作坊，参与生涯规划类相关课程的教学活动。积极参与辅导员职业能力大赛展示、辅导员素质拓展、辅导员沙龙、辅导员协会、辅导员工作室、辅导员跨校跨省联盟等交流、培训，树立职业标杆，见贤思齐，拓展视野，提高站位，提升格局，让助人者更有力，让生涯育人更可持续。

3. 加强工作调研与思考，提升实证调查研究和预测能力

辅导员应该深入到用人单位和毕业生中认真调查研究，做知识和信息处理的"有心人"，对各类海量职业信息资源进行鉴别、判断、选择，找到真正适合学生的真实就业信息以及学生真正需要的信息。善于利用经验把握规律，及时准确地向毕业生、高校人才培养部门提供指导性信息。善于结合生涯规划指导工作的实践研究，将经验转化

为理论科研成果，撰写成工作案例、科研论文、研究课题等。辅导员科研能力的培养，不仅有助于增强其对自身职业的认同感，同时也有利于将研究力转化为宣讲力和行动力，更加科学有效地指导学生就业，缓解就业矛盾，实现社会与学校、辅导员与学生之间的共赢。

当然，学无止境，我们需要多方借鉴来提升自己，所以也可以关注一些生涯规划修炼相关的专业书刊：

1.《拆掉思维里的墙》，古典著

2.《生涯咨询与辅导》，金树人著

3.《活得明白——生涯咨询的十八个典型》，贾杰著

4.《大学生职业生涯发展与规划》（第二版），钟谷兰、杨开著

5.《大话生涯：自我发现之旅》，吴沙著

6.《大学生生涯发展与规划》，钱静峰、黄素菲主编

7.《创新创业创造：职场竞争力密钥》，詹朋朋、高伟主编

8.《中国大学生就业》半月刊，教育部学生服务与素质发展中心主办

9.《生涯发展教育研究》辑刊、季刊，上海市学生事务中心主办

10.《创新与创业教育》双月刊，中南大学主办

高校开展生涯规划不只是确保毕业生去向落实率，也不只是职业规划，而是一种人生设计的过程。每个人都是自己人生的设计师和塑造者，都可以创造出属于自己的人生剧本、工作图景。

人生设计是生涯自信和生命情怀、休闲生活的统一。我们不仅要

学会与自己的生命、生活对话，更要懂得关照自身的最好时间——休闲以获得能量转化的契机。

就像歌词里所唱的那样：I am what I am，我永远都爱这样的我。不用闪躲，为我喜欢的生活而活；不用粉墨，就站在光明的角落。我就是我，是颜色不一样的烟火……

一

高校辅导员应该是什么样的？

优秀的辅导员应该是什么样的？

没有标准答案，不会有也不应该有统一的模样。

我们都要走自己的路，修炼好自己的人生。

从我们踏上辅导员的征途开始，我们都不是自己摸索，我们有岗前培训，也有人告诉我们道路该怎么走，只不过我们依然没有变成千篇一律，而是在自己的岗位上和自己的职业生涯里，走出了各自不同的人生轨迹，走出了属于自己的特色和方向。

纸上得来终觉浅，绝知此事要躬行。辅导员的工作是实践出来的，辅导员的发展是探索出来的，辅导员的道路是行走出来的，听说过再多道理，都不代表能当好辅导员。所以，还是要亲自走，要体会，要实践，要在行走的过程中决断是快还是慢，要在十字路口的抉择时去判断对还是错，或者在无所谓对错的前提下，判断自己适合不适合。

我们的学科背景不一样，知识储备不一样，成长经历不一样，性格特点不一样。还有，我们所面对的学生也不一样，学校不一样，定位不一样，培养目标不一样，个人追求不一样，生涯规划不一样。

所以，我们不会一样，也不应该一样，我们要走自己的路，要在属于自己的道路上形成自己的经验，梳理自己的工作宝典。

我们都要做自己。

二

但是，当我们行走的路足够长，当我们积累的经验足够多，当我们进行的思考足够深刻，我们还是慢慢找到交集，找到共鸣，还是能发现在不同的绽放后面，有着共同的储备，共同的修炼，共同的烦恼，共同的经验。

这是我们事业的基础，也是我们相遇的路口。

在前行的途中，我们并不孤独，因为我们能找到同路人，找到陪伴者，找到交汇点。

我们来自五湖四海，因为同样的工作、同样的事业、同样的追求和同样的目标走到了一起。

时间就这么不紧不慢地走着，一不留神就刻画出了我们青春的模样。

一晃就好多年，我们彼此陪伴，彼此塑造，也彼此记录，记录变化的痕迹和结果。

相识多年，总该留下点什么。

工作多年，总该留下点什么。

除了那些相见欢，除了那些别时难，除了那些指点江山。

更应该有我们每个人的成长，每个人的反思，应该有那些欣喜的进步，那些彷徨的踏步，那些挫折的停步。

如果说我们每个人都是经历了一番曲折的成长才走到今天的心平气和，如果说我们每个人都是在总结、梳理和回望中坚定了今天的方向，我们应该记录些什么。

如果说我们也曾经走过一些弯路，那我们的伙伴和同事是不是可以少走一些；如果说我们也曾经有一些成功通达的经验和柳暗花明的幸福，那我们的伙伴和同事是不是可以早一点抵达。

如果我们都这么做，如果我们坚持这么走，那我们的工作应该就是越来越好的，我们的道路应该就是越来越宽的。

于是，就有了这次相遇，就有了这本书。

三

辅导员究竟要有多少修炼？

没有标准答案，想做好思政工作，需要的储备太多。我们很难立刻成为一个全能的通才，所以我们更加需要判断。

为什么是七项修炼？

七当然有故事，不管是天山七子还是武当七侠，不管是葫芦七兄弟还是七个小矮人。

不过七项修炼的确定不是为了讲故事，这是问题导向的结果，是各种取舍的斟酌，也是彼此探讨的答案。

我们最开始是想做一个"拼盘"。

先选定了不少同事，最好还是要有知名度、认同度和美誉度，然后请他们执笔最擅长的部分，尤其是自己讲过多年、分享过多次，甚至是自己赖以成名被认可的内容。

听起来很美，事实证明，这样并不行。

这样拿出来的确实也只是一个"拼盘"，是一个讲座合集，是一个内容上彼此有很多交叉的混合体。也许每一章单独拿出来质量也还都是过硬的，但是彼此之间构不成避让、呼应，更不要说环环相扣、步步为营、层层递进。

于是，我们换了思路。

从问题出发，从受众出发，从效果出发。

书不是孤芳自赏的青春纪念册，是给辅导员的，那就应该从辅导员的角度出发，从我们自己成长的角度出发，去思考我们走到今天，有哪些经过检验反思然后笃信不疑，认为最重要、最需要、最常用、最基本、最应该掌握的能力。

经过反复讨论，形成了对应的条目，再逐个去敲定可能执笔的人，然后结合初步文稿，再进行调整分工和修改文稿，如是再三，才有了今天这本书的大致模样。

因缘际会，在写作这本书的过程中，也在不断地磨合和进行人员的调整，有些同事写好了稿子最后因为体系的问题忍痛割爱，来来往往的过程都是为了更好地呈现。

春去秋来，寒来暑往，一晃就是两年。

所以对于所有花费时间、付出心血的朋友，我们都心存感激。

四

说说风格。

其实，以高校辅导员为对象的书籍也不算少，有些是从学理的角度分析逻辑理路，也有些勤奋的辅导员同事们在不断增添着自己的实践经验和案例选集，所以如果只是自说自话地做一些肤浅的汇总，那也不是我们的初衷，或者也没有必要为本就琳琅满目的选择多一分困扰。

如果说我们的文字有什么特点，努力的方向有三个。

一是可读性。我们希望提供的内容是大家容易上手的，容易掌握的，至少不是面目严肃拒人千里的。所以在写作的时候，我们一直希望每个人都是心里有受众的，甚至最好把自己执笔的章节讲一遍再来写，或者还可以用自己的演讲稿作为蓝本和基础，然后打磨成文字稿。逻辑不复杂，在演讲的时候，我们的眼里是有对象的，心里是有受众的，这样转成的文字稿也会是从心里自然流淌的，而不是自说自话，更不会是为了完成命题作文而憋出的一堆文字。希望这种风格的尝试能够被敏锐的辅导员同事所捕捉到。

二是实践性。从实践中来，到实践中去。这些修炼的总结都是实践中生长起来的，我们希望提供的也是大家容易操作、掌握和运用的。学了是要用的，我们不是要提供一本束之高阁的高头讲章，而是能够按图索骥提供路线图的行动指南，是能够提供前行路上的实践助手。不能看了和没看一样，更加不能看了之后还是不知道怎么做。所以，在每一章节，我们所秉持的逻辑都是"是什么""怎么看""怎么办"，知道"为何修炼"之后，更加重要的是"怎么修炼"。比如，在谈"宣讲"的时候，我们会尝试提供模板或者公式，也会按照框架一段一段聊聊怎么支撑内容，甚至会提供一些金句作参考；同样，在谈"科研"的时候，我们会按照从选题到题目到摘要到关键词一直到投稿和被录用之后的整个过程，一步一步谈怎么看和怎么办。

三是深刻性。我们希望我们所呈现的内容能够经得起时间的检验，希望在很多年之后，大家说起里面的内容，还认为没有过时，还能够发挥作用，还是辅导员的必备修炼。而这个愿望的达成就需要跳出事务和经验的层次，再多一些深入思考，多一些总结反思，在经验、方法和理论之间多一些探索和攀援。所以，在每一章节，我们都尝试做一些凝练，做一些提炼，做一些概括，希望这些概括经过时间的打磨依然能够有一些深刻的光彩。

当然，做工作、做学问，最终还是做人，所以，在每一章写作的过程中，我们都希望传递一种信号和理念：不要急躁，不要投机取巧，我们的工作是良心活，我们需要明确的目标，也需要时间的检验。

五

说说我们的团队。

独行快，众行远。我们坚定地认为，从事普及工作也好、理论传播也好、思政工作也好，靠个人英雄主义是走不远的。一个春天不可能靠一朵两朵努力绽放的花来支撑和诠释，所以，还是要坚定不移地把"我"变成"我们"。

书稿是通力合作的结果，说说章节分工和执笔情况。

由徐川拟定全书框架。范蕊、徐川、柳丰林执笔第一项谈话修炼；沈菲、柳丰林、徐川执笔第二项管理修炼；李萌执笔第三项表达修炼；朱以财、徐川执笔第四项科研修炼；朱广生、徐川执笔第五项理论修炼；范蕊、徐川、张家玮执笔第六项网络修炼；高伟、柳丰林执笔第七项规划修炼。全书由徐川最终修改定稿。另外，"川流不息"

思政教育团队成员、南京航空航天大学学工部部长侍旭教授，以一名老辅导员的身份题写了书名。

我们过去组过很多团队，围绕党史、传统文化、党课、教学成果奖、国家社科基金等，十几支团队，接续奋斗，川流不息。人多确实会有人多的问题，因为凝聚共识是不容易的，统一风格更加不容易。所以，虽然最终进行了文字的统一润色和风格确定，不过仍会出现一定的瑕疵。但是，人多更有人多的意义，因为形成共识的过程本身就是所有人的共同成长，因为我们总是希望领着我们走的人和跟着我们走的人能多一些，再多一些。

走的慢些就慢些，但是一起走的人多了，意义就不一样了，道路也就更宽广了。我们是沿着前辈的脚步走到现在的，也需要有更多人带着自信的心态把道理和故事讲给别人听，讲给有着同样追求和使命的人听，这是我们的使命和责任。

六

当然，有热情、有方法，不代表就有好成果。

"想讲好"和"讲得好"中间还有很长的路要走。

如果让我们自我评价，我们真诚地认为写得还不够，写得还不好，写得还不够好。这种认定源于对我们自身水平的清醒认知，也源于对我们热爱的事业要持续学习的基本态度。

　　所以，很多书的最后，惯例有一些谦虚的话，比如"请方家批评指正"。

　　有的是客气，有的是谦虚。

　　我们唯有真诚。

　　这也是这本书花费了两年时间才送到大家面前的原因。只是时间长并不能直接推导出文稿的质量高，也可能意味着磨蹭拖沓和实力不济。

　　我们比较清晰和精准的定位是，我们只是尝试，我们只是靶子，我们只是铺路石，我们只是及格线，我们只是抛砖引玉，我们只是站出来走两步。

　　我们不渴望一步到位，不奢求一劳永逸。

　　我们应该是谦卑并坚定着，谨慎并笃定着，沿着我们的道路，多走一步，再多走一步，向着既定的目标，靠近一点，再靠近一点。

　　不行，那就继续走；不够，那就继续补。

　　方向锚定，山再高，不停步总能登顶；路再远，不停步总会到达。

　　当然，在一些专家学者眼中，我们可能是挂一漏万，可能是"也就那样"，也可能是哗众取宠的尝试，那我们就拼尽全力向着及格线靠近一点，再靠近一点。

　　种种评价，我们都有设想；种种点拨，我们都愿意接受。我们愿意做时间的朋友，不断改进。

因为，我们也还年轻。

年轻意味着可以停下来想一想，甚至回过头想一想，抑或是退两步想一想。

这都是为了更好地出发，为了更加坚实地前行。

七

历史川流不息，精神代代相传。

"川流不息"是我们的期待，把"我"变成"我们"是不变的追求，也蕴含着我们的深深期盼。

任何一项事业的繁花似锦都一定是无数人持续接力和共同努力的结果。所以我们期盼我们的团队可以"川流不息"。我们希望有更多的同人如果怀有共同的理念，如果认同我们的做法，可以随时加入我们，让我们变得壮大和强大。而且，我们所有的作品都是开放式命题，可以调整，可以增加，可以删减。究竟会进行怎样的改动，标准只有一个，由辅导员同事在实践中审阅和检验。我们的目标就是在路上遇到一个又一个千里共同途的你。

我们期盼我们的工作可以"川流不息"。我们希望团队中的每一个人都能以此作为自己的起跑线，作为自己专业化的核心原点，在未来的道路上能够不忘初心，越走越开阔，能够结合我们的工作实际将教材修订得越来越完善。如果有越来越多的同人加入我们，帮助我们成长，也一定会呈现一个越来越精彩的尝试，我们就可以相信，我们的未来一定是星辰大海。

当然，我们还有很多期盼，我们的期盼也是"川流不息"。

期盼着在岁月的流逝中，能见证我们共同挚爱的事业，见证我们不曾辜负的青春。

"川流不息"思政教育团队

2021 年 9 月

团队成员简介

　　徐川，党的十九大代表，现为南京航空航天大学马克思主义学院党委书记，教授、博士生导师，江苏省中共党史学会副会长。中宣部宣传思想文化青年英才，教育部高校思政工作首批中青年骨干，荣获全国优秀党务工作者、全国五一劳动奖章、全国最美教师、全国基层理论宣讲先进个人、全国网络正能量榜样（3届）、全国辅导员年度人物等，国家级教学成果奖第一完成人，江苏省教学成果特等奖第一完成人。近5年在《求是》《人民日报》《光明日报》《中国高等教育》《红旗文稿》《思想理论教育导刊》等发表文章50余篇，主持国家社科基金、省部级社科基金、教育部思政课择优推广计划等多项，出版有《顶天立地谈信仰》《道不远人——走近传统文化》《多维视角下的党代会》等著作，著作获评第八届"全国优秀通俗理论读物""全国党员教育培训创新教材""全国学校共青团优秀研究成果特等奖""江苏省哲学社会科学优秀成果奖"等荣誉。

　　范蕊，文学博士，山东大学教授，党委学生工作部副部长，国家二级心理咨询师，山东省辅导员领航工作室主持人。2019年全国高校最美辅导员，2020年入选教育部思政中青年骨干，第九届全国高校辅导员年度人物，第七届山东省十佳辅导员，第二届山东省最美教师（提名）。经营微信公众号"陌上花开"，发表原创文章1500多篇。承担国家社科、教育部、团中央、山东省社科项目多项，发表论文20余篇。曾出版个人专著《辅导员谈心谈话六讲》《在海滩上种花——一个大学辅导员的工作日志》《奔跑吧，青春——一个大学辅导员的工作日志》《在红楼梦中遇见自己》等。

李萌，陕西高校网络思想政治工作中心研究员，陕西科技大学网络思想政治工作中心主任、马克思主义学院副教授。教育部高校思政工作中青年骨干（第二批），教育部高校网络教育名师（第四批），全国网络正能量榜样，第七届全国辅导员年度人物（2015），中国好人（敬业奉献）。运营"萌哥有话说"思政公众号，承担教育部、中国高等教育学会、陕西省委教育工委项目多项，在《光明日报》《中国社会科学报》等主流媒体发表文章多篇，指导3名选手蝉联全国辅导员素质能力大赛一等奖，出版《萌哥有话说》《萌哥说案例》《辅导员梦工厂》《易班建设指导指南》等思政专著4部。

朱以财，管理学博士，多家期刊审稿人。第五届"全国高校辅导员年度人物"提名奖、首届"江苏高校辅导员年度人物"、江苏高校十佳"大学生最喜爱的辅导员"。曾获全国高校优秀辅导员博客网络评选最佳人气奖（优秀博客奖、优秀博文奖）、全国高校辅导员优秀论文评选二等奖、全国高校学生工作优秀学术成果奖评选二等奖、江苏省高校思想政治工作优秀论文评选一等奖等荣誉奖励30多项。主持（参与）国家社科基金高校思政课研究专项、教育部人文社会科学研究辅导员骨干专项、全国高校共青团研究课题、江苏省高校思想政治教育研究重点课题10多项，在《教育学报》《比较教育研究》《现代大学教育》《高校教育管理》《外国教育研究》《高教发展与评估》

《现代教育管理》《高校辅导员》等期刊发表论文 50 多篇，多篇论文被《新华文摘》《人大复印资料·教育学文摘》以及中国社会科学网、国研网转载。主讲的课程《爱、学、创、思——高校辅导员职业追梦四部曲》入选国家教育行政学院课程资源库，用于全国高等教育干部及高校辅导员网络培训。

朱广生，广西科技大学团委书记，广西高校新时代青年发展研究中心副主任、研究员，马克思主义中国化博士。全国高校辅导员年度人物入围奖、广西优秀共青团干部、广西高校优秀辅导员。近年在《光明日报》《中国社会科学报》《中国共青团》《广西社会科学》等刊物发表文章多篇。运营"第一辅导员"微信公众号，发表个人原创文章 300 余篇，150 余万字，单篇文章最高阅读量 390 万＋，点赞 5 万＋。

张家玮，天津市中国特色社会主义理论体系天津师范大学基地研究员，现为天津市委教育工委学生教育与管理处副处长。全国最美辅导员（2020），第九届全国辅导员年度人物（2017），教育部高校思政工作中青年骨干（第三批），教育部高校网络教育名师（第二批），全国网络正能量榜样（4 届），近 5 年在《人民日报》《光明日报》《中国教育报》《中国高等教育》《红旗文稿》等发表文章十余篇，数十篇文章被人民网、求是网、光明网、党建网、中国社会科学网、教育部官微、团中央官微等发布。主持国家社科基金、省部级社科基金、天津市辅导员工作精品项目等多项，出版《有节有理——与大学生谈节日》《心里的话——一个高校辅导员的网络微日志》，运行个人微信公众号"家画佳话"。

沈菲，南京师范大学新闻与传播学院党委书记，副教授。第十届全国高校辅导员年度人物（2018）、第四届全国高校辅导员职业能力大赛一等奖（2015）、全国高校辅导员工作优秀论文评选一等奖（2016）、江苏青年五四奖章（2020）、江苏高校辅导员年度人物（2018）。江苏省"学习宣传贯彻党的十九大精神——高校优秀辅导员"双巡活动"宣讲团成员，"中国教育电视台思政公开课进校园全国巡讲"报告团成员，南京师范大学师德师风宣讲团成员。近年在《中国社会科学报》《中国青年研究》等刊物发表文章多篇。

高伟，中国青年创业导师，上海市阳光学者，法学博士，上海对外经贸大学创业学院副院长、副教授、硕士生导师，上海开源信息技术协会副秘书长，中国高校创新创业教育研究中心首批专家、上海市创业指导专家、高级就业指导师、高级企业培训师、KAB 培训师、BCC 生涯教练，主持教育部辅导员工作精品项目、教育部产学合作协同育人项目、上海高校学生职业生涯发展教育示范工作室和中国—上海合作组织青年创业国际孵化器（上海）专家工作室，"互联网+"、挑战杯、创青春等各类创赛评审专家，《创新创业创造：职场竞争力密钥》慕课负责人，曾荣获第八届全国高校辅导员年度人物提名奖、全国商业科技进步三等奖、上海市教学成果一等奖、上海市育才奖、上海高校辅导员年度人物、上海青年五四奖章等荣誉。出版《创新创业创造：职场竞争力密钥》《创享·创青春：创时代创新创业协同育人案例集》等著作，微信公众号：思考着的芦苇。

　　柳丰林，副教授，现任天津大学党委学生工作部副部长，就业指导中心主任，第四届全国高校辅导员年度人物，2017年教育部学习宣传贯彻党的十九大精神辅导员"双巡"活动全国报告团成员。国家二级心理咨询师，高级职业指导师，全球职业规划师（GCDF）资质。两度获评教育部思政司"全国高校优秀辅导员博客网络评选活动"优秀博客奖、多篇文章获评优秀博文奖，曾任中国大学生在线网站就业板块专栏作者。所讲授课程《高校学生社团现状分析及发展对策》被国家教育行政学院网络课堂收录。

责任编辑：刘敬文
封面设计：王欢欢
版式设计：严淑芬
责任校对：张红霞

图书在版编目（CIP）数据

高校辅导员的七项修炼 / 徐川等著 . — 北京：人民出版社，2022.4
（2024.12 重印）
ISBN 978－7－01－024458－7

I. ①高… II. ①徐… III. ①高等学校－辅导员－工作－研究
IV. ① G645.1

中国版本图书馆 CIP 数据核字（2022）第 013353 号

高校辅导员的七项修炼
GAOXIAO FUDAOYUAN DE QIXIANG XIULIAN

徐 川　等 著

人民出版社 出版发行
（100706　北京市东城区隆福寺街 99 号）

中煤（北京）印务有限公司印刷　新华书店经销

2022 年 4 月第 1 版　2024 年 12 月北京第 3 次印刷
开本：880 毫米 ×1230 毫米 1/32　印张：10
字数：202 千字

ISBN 978－7－01－024458－7　定价：50.00 元

邮购地址 100706　北京市东城区隆福寺街 99 号
人民东方图书销售中心　电话（010）65250042　65289539